A Dor que Não é Doença

Você pode viver sem ela!

Dados Internacionais de Catalogação na Publicação (CIP)
(Câmara Brasileira do Livro, SP, Brasil)

Scarlati, Arnaldo
A dor que não é doença : você pode viver sem
ela! / Arnaldo Scarlati. — São Paulo : Ícone, 2007.

Bibliografia.
ISBN 978-85-274-0921-6

1. Dor crônica 2. Dor crônica - Prevenção
3. Dor crônica - Tratamento I. Título.

CDD-616.0472
07-0179   NLM-WB 176

Índices para catálogo sistemático:
1. Dor crônica : Prevenção e tratamento :
Medicina   616.0472

Arnaldo Scarlati

A Dor que Não é Doença

Você pode viver sem ela!

© Copyright 2007.
Ícone Editora Ltda.

Capa
Arnaldo Scarlati
Reprodução em Oil Pastel sobre papel vergê da imagem microscópica
de neurônios não mielinizados impregnados pela técnica de Golgi.

Ilustrações
Arnaldo Scarlati
Desenhos em Oil Pastel sobre papel vergê em alusão à quadros
consagrados, dentro do contexto de cada capítulo.
Outras informações no site www.rse.com.br

Diagramação
Andréa Magalhães da Silva

Revisão
Rosa Maria Cury Cardoso

Proibida a reprodução total ou parcial desta obra,
de qualquer forma ou meio eletrônico, mecânico,
inclusive através de processos xerográficos,
sem permissão expressa do editor
(Lei nº 9.610/98).

Todos os direitos reservados pela
ÍCONE EDITORA LTDA.
Rua Anhanguera, 56 – Barra Funda
CEP 01135-000 – São Paulo – SP
Tel./Fax.: (11) 3392-7771
www.iconeeditora.com.br
e-mail: iconevendas@iconeeditora.com.br

R S E – Reabilitação do Sistema Estomatognático

PRESCRIÇÃO

Para: _____

– Uso interno

A DOR QUE NÃO É DOENÇA
Você pode viver sem ela!

126 pp.

Digerir em doses diárias ou a seu critério.

_____

Obs.: Se o resultado for bom, faça a recomendação a um amigo, caso contrário indique a um inimigo que o efeito será o mesmo.

Agradecimentos

Agradeço em primeiro lugar ao criador de todas as coisas. Seja Ele chamado Deus, Natureza ou Átomo.

Gostaria de poder citar nominalmente todos os amigos que direta ou indiretamente contribuíram com incentivos e sugestões na criação do livro. Desnecessário, pois no íntimo cada um sabe que ajudou de alguma forma.

Ao paciente, de maneira carinhosa, uma vez que permitiu que sua dor fosse o objeto de nossos estudos. Sempre que pudemos solucionar ou abrandar o sofrimento, transformamos o resultado em força para seguir em frente. Aos que não se beneficiaram com nossa terapêutica, nossas desculpas.

À minha mãe, que com sua dor tornou-se minha paciente mais complicada. Descartadas todas as possibilidades de tratamentos propostos por outros profissionais para debelar uma dor orofacial persistente, serviu de base para uma compreensão ampla da questão "dor" em todos os sentidos. Após um longo período de paciência mútua no cumprimento de nosso protocolo, pude enfim respirar aliviado e aceitar no coração o título de especialista em DTM e Dor Orofacial.

À Deise, Fernanda e Patrícia, pela paciência e ajuda nos momentos que precisei.

Não posso deixar de citar a contribuição do amigo Wilson Aragão pela imensa lição de otimismo, todas as vezes que cogitei desistir.

Por último, um agradecimento especial a um dos melhores seres humanos que tive contato nesta vida. Com seu jeito simples de ver as coisas, e seu caráter diante de todas as situações foi determinante na minha formação pessoal.

— Ao vô Miro, aonde quer que ele esteja.

De,

Se eu fosse compositor, seria sua a minha melhor música,
Se poeta, minha melhor poesia.....

Prefácio

Fazer a apresentação deste livro é razão de muito orgulho, notadamente, quando o convite foi feito, não pelos laços de amizade, mas pelo mútuo respeito à classe odontológica e especialmente a seu autor.

Conheço o Arnaldo Scarlati há muito tempo, acompanhando sempre sua crescente projeção como colega de profissão, atuando em consultório, mas principalmente como ministrador em congressos, jornadas, conferências e cursos nas Regionais da Associação Paulista de Cirurgiões-Dentistas.

Prende-nos a atenção, neste brilhante trabalho, sua preocupação com a saúde bucal, não isoladamente, mas como parte integrante do nosso organismo, buscando tanto o mental quanto as estruturas anatômicas, o equilíbrio e o perfeito funcionamento da ATM, seus músculos, ligamentos, que sistematicamente trabalham em harmonia. Ressalte-se a importância de propor a eliminação da dor, através de propostas de conhecimento desde o nascimento, até a idade adulta, enveredando por todos os hábitos alimentares, atividades físicas incluindo a participação de todos os profissionais empenhados na saúde dos pacientes. Cumpre-me também reconhecer que além da satisfação pessoal, o Arnaldo propõe discussões, soluções e melhor qualidade de vida para resolver uma queixa constante em nossos consultórios, que é a dor.

Tenho a convicção que a leitura e estudo deste trabalho, positivamente, acrescentará no aperfeiçoamento dos colegas que aplicando os conhecimentos adquiridos poderão proporcionar a alegria e o bem-estar de seus pacientes.

Um carinhoso abraço,

Silvio Jorge Cecchetto
Presidente da Associação Paulista de Cirurgiões-Dentistas

Índice

Introdução, 15
    Por que sentimos dor?, 17

Capítulo I – Dor Crônica, 23
    Sinalizando a dor, 25
    Como trabalham os músculos, 30
    ATM – a articulação mais importante do corpo, 34
    Mantendo o equilíbrio e a postura, 37
    Influência do nariz e da boca no resto do corpo, 40
    As cefaléias, 42

Capítulo II – Prevenção, 47
    Nascimento, 49
    Respiração, 51
    Aleitamento materno, 56
    Mastigação, 59

Capítulo III – Casos Clínicos, 65

Capítulo IV – Tratamento, 85
    A saúde começa pela boca, 87
    Alimentação, 90
    Atividades físicas, 96
    A dor emocional, 99
    Muitos profissionais cuidando de você, 102

Capítulo V – Qualidade de Vida, uma Luz no Fim do Túnel, 105

Procurando o especialista, 107

O triângulo da saúde, 110

Terapias de apoio, 112

Em busca da saída, 118

Epílogo, 119

Bibliografia Recomendada, 123

Introdução

Edward Munch
O Grito (1893)
Galeria Nacional, Oslo

POR QUE SENTIMOS DOR?

Para nossa proteção e sobrevivência, o corpo registra e transmite ao nosso cérebro as sensações de calor, frio, tato, pressão e DOR.

Os receptores – partes do sistema nervoso que detectam essas sensações – estão espalhados pelos tecidos, em maior ou menor número, de acordo com a importância de cada um. As informações caminham pelas células nervosas chamadas de neurônios e chegam ao nosso cérebro para serem analisadas. O sistema nervoso recebe a sensação e aciona a parte motora correspondente para que seja executada alguma ação. Tudo acontece com uma velocidade espantosa, em frações de segundos, como num fio de eletricidade. O mais interessante é que as células não estão ligadas umas às outras como numa rede elétrica. Elas apenas se aproximam sem se tocar. Neste espaço, que se chama sinapse, a informação pode passar ou não para o outro neurônio. Tudo isto controlado pelo sistema nervoso. Muitas vezes a informação nem chega no cérebro e a resposta já acontece, por exemplo, quando retiramos a mão rapidamente ao tocarmos algo muito quente. Se pudéssemos cortar essa informação utilizando uma droga qualquer, a mão permaneceria sem sentir o calor e haveria um dano nos tecidos.

Assim ocorre com a dor. Através dela somos informados que alguma coisa está errada. Se a dor for intensa e rápida, trata-se de uma dor do tipo aguda e normalmente tomamos um analgésico para suportá-la, enquanto solucionamos o problema. Sempre que estivermos diante de uma situação que possa causar danos nos tecidos, somos informados por este tipo de dor. O avanço da medicina em suas diversas especialidades e o auxílio da indústria farmacêutica com drogas cada vez mais eficientes resolve a maioria destes problemas.

A grande dificuldade está no tratamento da dor crônica. Ao contrário do que muita gente imagina, este tipo de dor não é uma dor aguda que persiste por muito tempo. A informação que vai para o cérebro segue por tipos de neurônios diferentes, mais finos e isto faz com que a informação chegue mais lentamente ao cérebro. Além disto, percorre caminhos distintos envolvendo mecanismos e elementos químicos diferentes daqueles da dor aguda. Os mecanismos de controle da dor são muito complexos e podem modular a resposta dolorosa, ora intensificando a sensação, ora tornando a dor mais amena. Infelizmente, muitos profissionais ainda receitam a mesma medicação para tratar tipos de dores diferentes. Assim, muitas drogas parecem perder o efeito após um tempo de uso.

Muitos acham que a dor crônica é uma "doença" chamada DOR, que provoca mais dor à medida que o corpo tenta se defender pela contração muscular, tornando-se um círculo vicioso. Diversas pesquisas apontam os músculos como os grandes responsáveis pelas dores crônicas distribuídas pelo nosso corpo. Afetam principalmente a região da cabeça e das costas. É verdade que a contração muscular sustentada – músculos que trabalham sem relaxamento – seja a maior fonte das dores crônicas que sentimos. O desafio está em encontrarmos o motivo daquele trabalho muscular sem descanso.

Quando a dor não cede com nenhum processo, a causa pode ser atribuída a um desarranjo dos próprios centros nervosos que controlam a dor. Ou então o próprio nervo foi afetado, como por exemplo, mesmo após o tratamento das infecções do Herpes Zoster, na qual os vírus foram eliminados, mas os neurônios ficaram afetados. Ou então quando um nervo é lesionado. Nestes casos a DOR passa a ser considerada a própria DOENÇA e deverá ser controlada de alguma maneira.

É lógico que fatores emocionais têm uma relação íntima com a dor crônica. Muitas pessoas emocionalmente afetadas acabam desenvolvendo dor do tipo crônica. Outras que sofrem com dor crônica acabam com seu sistema nervoso abalado devido ao sofrimento prolongado.

Por outro lado, muitos indivíduos apresentam dor crônica sem um comprometimento emocional que a justifique. Alguma coisa não se encaixa na questão emoção e dor crônica. O elo perdido pode ser coisa da nossa cabeça.

Se considerarmos que a dor aguda é um sinal de alerta, indicativo de destruição ou da possibilidade da destruição dos tecidos, devemos resolver a questão, ou seja, socorrer a lesão e modular a dor com os meios adequados. Da mesma forma, as dores crônicas que não são a doença, relacionadas a uma disfunção de qualquer sistema, deverão ter sua intensidade modulada, mas a verdadeira causa, ou seja, a disfunção deverá ser corrigida.

Notadamente, este modelo de interpretação da DOR, decorre de muita busca na literatura científica, cujas informações infelizmente encontram-se salpicadas numa infinidade de publicações. Tudo devidamente alinhavado e associado à interpretação das respostas clínicas obtidas em meus pacientes. A tentativa de compreender a fisiologia humana de maneira coerente e auxiliado pela lógica adquirida em doze anos de experiência em informática me levou a desacreditar na abordagem da dor sob o aspecto temporal. O cérebro humano em nada se assemelha aos computadores, a não ser o fato de utilizarem corrente elétrica como meios de comunicação. A analogia fica por conta de um grande sistema, composto de subsistemas que se relacionam cada qual exercendo sua importante função.

Sem dúvida um dos sistemas que se destaca é o Estomatognático – mastigação e respiração – que exerce grande influência em todos os outros. A sua correta avaliação e manutenção deveria constar do protocolo de atendimento de todos aqueles que se propõem a cuidar da saúde. Isto evitaria limitações terapêuticas e gastos desnecessários em todos os setores. Além disto procuro mostrar às pessoas que existem maneiras simples de auto-avaliação, o que traria enorme benefício para a sua saúde.

Com esta visão procuramos incentivar os pacientes a encontrar os verdadeiros motivos do sofrimento crônico. Mesmo aqueles que tenham passado por muitos especialistas e gasto pequenas fortunas em exames e medicamentos, sem que tivessem seus objetivos alcançados.

"É assim mesmo" não é a resposta que queremos ouvir quando procuramos um profissional da saúde, nem tampouco "tem que conviver com isto". Definitivamente, não nascemos para viver com dor.

Capítulo I
Dor Crônica

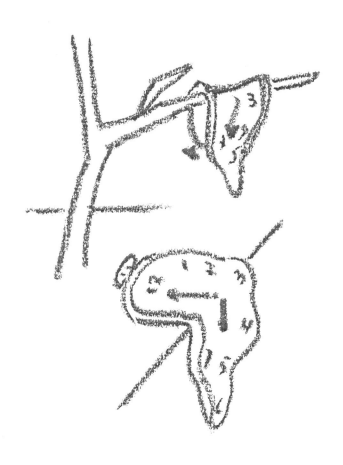

Salvador Dali
A persistência da memória (1931)
Museu de Arte Moderna, Nova York

SINALIZANDO A DOR

Bem diferente do que muita gente imagina, a dor crônica não tem nada a ver com a dor aguda. Ao analisarmos o problema sob o ponto de vista "tempo de duração" poderemos cometer alguns equívocos. Muitas pessoas acham que a dor crônica é uma dor aguda que demorou muito tempo para ser resolvida e virou crônica. O termo crônico está relacionado ao tempo, do grego "chronus", e talvez esteja aí a causa da confusão.

Inúmeros estudos mostram que a dor aguda está relacionada com qualquer tipo de problema que possa lesionar os tecidos. Nosso cérebro tem que ser informado rapidamente para que seja tomada uma ação, e para isto são utilizadas as vias mais rápidas disponíveis, ou seja, neurônios de grande velocidade. Os mecanismos de controle e as substâncias químicas envolvidas são específicos para este tipo de dor. Os remédios irão funcionar bem na maioria destes casos.

Por sua vez, o mecanismo de sinalização da dor crônica tem relação com o mau funcionamento de um determinado sistema. A dificuldade está justamente em se descobrir qual sistema tem sua função alterada e... fazê-lo funcionar. O uso de medicamentos, nestes casos, não tem o efeito esperado provocando frustração, tanto por parte do paciente que o utiliza, como do terapeuta que o indicou. Num primeiro momento, a droga até pode fazer algum efeito, pois existem muitos fatores associados como a esperança e a fé evocadas, ou a expectativa de se dar bem. Logo o remédio "perde" o efeito, imediatamente é trocado por um outro mais potente e assim por diante, até quando?

Quando o problema se relaciona com o metabolismo de uma substância utilizada pelo nosso organismo, poucos se preocupam em descobrir o que pode estar errado no mecanismo de produção ou eliminação daquela substância. Fica mais fácil administrar drogas que mimetizam a ação de um neurotransmissor ou de um hormônio para "resolver o problema". Nestes casos nossa máquina deixa de fabricar a substância natural, pois uma parecida já existe, e o "tiro pode sair pela culatra". Um pequeno exemplo é o que ocorre com os níveis de serotonina – neurotransmissor produzido pelo sistema nervoso – alterados nas pessoas que respiram pela boca. Estes pacientes são bombardeados com drogas à base de triptofanos, com o objetivo de aumentar a produção da serotonina. Ou então utilizam drogas que impedem a sua reabsorção pelos neurônios com a intenção de deixar a serotonina em maior quantidade e por mais tempo nas sinapses. São as chamadas "drogas da felicidade". Dentre os inibidores da recaptação da serotonina o mais famoso é o Prozac. São conhecidos popularmente como antidepressivos e usados também para diminuir a ansiedade. Àqueles que utilizam este tipo de medicação, convidamos a dar uma lida na bula e discutir os efeitos colaterais com seu médico.

Os principais sintomas na falha do metabolismo deste neurotransmissor estão relacionados com o sono.

Infelizmente, muitos pacientes usando estas drogas acabam trocando um sono precário por um bom pesadelo.

O uso de terapias alternativas para eliminar a dor do tipo crônica, invariavelmente, tem o mesmo efeito. Funcionam bem em determinadas situações, modulando a dor, mas não solucionam o problema, o que leva o paciente a tentar novas terapias, ou pior, trocar indefinidamente de profissionais.

Sempre que uma parte do nosso corpo, um sistema ou um órgão não apresente um bom funcionamento, nosso cérebro deveria ser informado através de um processo que poderia ser aquele conhecido como dor crônica. Um nome mais apropriado seria dor disfuncional. As disfunções ocorrem por vários motivos. Postura errada, imobilizações e funções viciosas são os mais comuns. Alterações nutricionais, causando falta ou excesso de vitaminas, sais minerais, gorduras e aminoácidos alteram o metabolismo e podem provocar disfunções em vários sistemas. A dor que acontece seria do tipo crônica e não teria nada a ver com o tempo de duração.

Muitas vezes, quando sofremos uma lesão seja por que motivo for, o sistema da dor aguda é acionado e essa dor é modulada e controlada pelo nosso sistema nervoso. O uso de medicamentos e de procedimentos de fisioterapia podem ajudar no controle de intensidade dessa dor. Porém, aquela região, por causa da lesão, passa a não funcionar adequadamente, é acionado então, o processo de dor disfuncional "crônica", diferente da dor aguda. Esta última "dor" não responde a analgésicos convencionais. Muitos músculos com o objetivo de proteger a área lesada acabam ficando contraídos, modificando sua função normal e produzem dor disfuncional.

Deve ficar claro, portanto, que a dor aguda não vira crônica e nem poderia. Ambas utilizam neurônios, metabolismo e trajetos diferentes, obviamente para sinalizar dores diferentes. Os dois tipos de dor poderão ocorrer simultaneamente e cada uma deverá ser tratada de forma diferente. Por isso a dor disfuncional "crônica" dá mais resultados quando utilizamos mobilizações e as dores agudas respondem bem aos medicamentos. Um fato que pode contribuir a favor desta idéia é o alívio de certas dores quando se estimula o córtex motor – área do cérebro responsável pelos movimentos – uma das técnicas usadas em neurocirurgia funcional.

Um bom exemplo de tudo isto são as cefaléias causadas por músculos que funcionam com sobrecarga. Este tipo de problema é a causa mais comum das dores de cabeça. Se uma pessoa respira de forma errada, usando a boca e não o nariz, a troca de oxigênio por gás carbônico nos pulmões é prejudicada. Para melhorar essa condição, nosso cérebro aciona automaticamente alguns músculos acessórios da respiração localizados no pescoço e na nuca, no sentido de melhorar a posição da cabeça, facilitando a entrada de ar. Estes músculos trabalham sem descanso, entram em fadiga e provocam a dor disfuncional "crônica". A fisioterapia melhora a intensidade das dores, mas não resolve o problema, da mesma forma que os remédios. Respire melhor e dê um descanso aos músculos do pescoço.

Outro erro é pensar que paralisando a musculatura com o uso de toxina botulínica (botox) a dor será resolvida. A dor passa, pois a disfunção muscular foi destruída, até que o efeito da aplicação desapareça. A dor volta e nova destruição, digo, aplicação será feita. E, novamente, até quando? Quais as conseqüências deste procedimento? Ninguém sabe...

Se este paciente for orientado a respirar adequadamente o problema certamente será resolvido. Que tal tentarmos fazer funcionar direito o que estava errado? Que tal descobrirmos se existe uma DISFUNÇÃO?

COMO TRABALHAM OS MÚSCULOS?

Os ossos que compõem o esqueleto protegem estruturas importantes do nosso corpo e permitem o movimento das diversas partes através das articulações. Os músculos, comandados pelo sistema nervoso, são responsáveis pela sustentação do esqueleto e pela execução dos movimentos.

Um músculo contém milhares de fibras que se contraem alternadamente. Enquanto algumas fibras estão contraídas – apenas para manter a postura – outras estão relaxadas, descansando, e logo estarão funcionando para que as primeiras descansem e assim por diante. Desta forma, uma pessoa pode se manter em pé durante um longo tempo com um gasto mínimo de energia.

Quando executamos alguma tarefa que exija movimentos como caminhar, correr, trabalhar, etc., são necessárias contrações musculares mais fortes, que gastam mais energia e que necessitam um período de relaxamento maior. Este relaxamento serve para que as fibras musculares tenham uma irrigação sanguínea suficiente a fim de que cheguem os nutrientes e sejam eliminadas as toxinas criadas pelo esforço muscular. Qualquer músculo, para desenvolver um trabalho com menor gasto de energia e maior aproveitamento, deve estar com uma contração que ajusta seu tamanho para o início do movimento. Nem muito relaxado, nem muito contraído. Este ajuste é feito automaticamente pelo sistema nervoso central e não temos acesso nem comando sobre ele. Este "preparo inicial" se chama tônus muscular basal.

É impossível, através de qualquer técnica de manipulação, ajudar ou melhorar este tônus. Nem fisioterapias, nem acupunturas, exercícios, muito menos remédios. Para compreendermos melhor esta função do nosso cérebro, podemos imaginar um indivíduo dormindo tranqüilamente. Seus músculos estão com a menor atividade possível. Esta pessoa, ao abrir os olhos, estimula automaticamente o córtex visual localizado na nuca. Este, por sua vez, ativa imediatamente o controle automático do cérebro e todos os músculos do corpo são ajustados e entram em atividade mantendo o tônus basal. Desta forma, estamos preparados para executar qualquer movimento. Tudo isto é rápido e inconsciente. Nunca percebemos este ajuste e muito menos se ele foi feito corretamente.

Se o ajuste não estiver correto, qualquer movimento será executado às custas de um grande esforço e com maior gasto de energia. Infelizmente só nos damos conta de que algo está errado quando aparecem as dores ou as lesões musculares.

É o que acontece, por exemplo, com alguns atletas que, apesar de todo o preparo físico e da atenção dispensada a eles, acabam sofrendo lesões musculares repetidas sem uma causa específica. O esforço seja na preparação ou na exigência de músculos que não têm um tônus basal adequado, vai resultar em problemas nas articulações, nos músculos e ligamentos. Isto acaba acontecendo mesmo naquelas pessoas que não são atletas. Um simples movimento errado, como levantar um pequeno peso, pode resultar num grande desastre.

Mas, se a atividade física não promove o tônus adequado, o que podemos fazer? O sistema que controla automaticamente o tônus basal não está funcionando corretamente. Devemos investigar as possíveis causas que podem estar prejudicando o ajuste dos músculos. Muitos fatores podem interferir na função daquele controle automático. Causas emocionais, nutricionais, hormonais ou algumas doenças. Felizmente, sabemos que os dois fatores que mais atrapalham aquela função automática são a baixa concentração de oxigênio no cérebro e a posição errada dos maxilares. Sempre que estivermos diante de uma respiração incorreta ou diante de uma disfunção da articulação dos maxilares – ATM – teremos uma interferência negativa no ajuste do tônus basal dos músculos, e por que não dizer, no controle de muitas funções do nosso organismo.

Portanto, um músculo que trabalha sem descanso, seja para manter uma determinada postura, realizar um trabalho ou que recebe tensões por qualquer motivo e não consegue se recuperar acaba por desenvolver o aparecimento de regiões sensíveis. São pequenos nódulos – os pontos de gatilho – que provocam dor localizada ou em regiões distantes. Toda esta disfunção recebe o nome de estresse muscular, ou seja, os músculos estão trabalhando além do seu limite.

A maior causa das dores de cabeça, da coluna e das costas são de origem muscular. Todas as tentativas de tratamento como fisioterapia, massagens, medicamentos, acupunturas, etc., servem apenas para eliminar e amenizar este tipo de dor – que é o indicador do problema – e não a sua verdadeira causa. Se um músculo estiver enfraquecido, quase sempre resultando numa dor disfuncional, o problema poderá estar no próprio músculo, num órgão associado a ele ou num desequilíbrio bioquímico.

ATM – A ARTICULAÇÃO MAIS IMPORTANTE DO CORPO

Todas as articulações do corpo humano têm a sua importância e servem, juntamente com os ligamentos e os músculos, para a execução dos mais variados movimentos. Podemos caminhar, correr, praticar esportes, pegar coisas, enfim, todos os movimentos para uma vida saudável.

As articulações devem trabalhar sem sobrecarga e numa faixa limite de segurança. Certas pessoas são muito flexíveis, ou seja, têm um grau de mobilidade articular muito alto. Quando estas pessoas fazem esforços repetidos durante um determinado tempo, terão problemas nos ligamentos. É o que acontece nas lesões por esforços repetidos, conhecidas como LER ou DORT – distúrbios osteomusculares relacionados com o trabalho. Se um trabalho pode provocar uma doença, deveria fazê-lo de uma maneira generalizada. Nem todas os trabalhadores apresentam problemas nos ligamentos. É melhor aceitarmos que determinadas pessoas possam ser mais suscetíveis a problemas diante de algum tipo de trabalho. O grau de flexibilidade de um indivíduo pode ser medido. Se o resultado for alto, ou seja, uma pessoa muito flexível, alguns cuidados devem ser tomados ao se freqüentar academias de ginástica, praticar esportes ou executar trabalhos repetitivos, principalmente aqueles que envolvem maus hábitos posturais ou pequenos vícios, tais como o uso demasiado do computador, tempo demais em frente a video games, roer unhas, morder objetos, mastigar de um só lado, etc.

Quando uma articulação está comprometida por alguma doença ou por disfunção, ela diminui a mobilidade e fica dolorida. A própria contração dos músculos no sentido de proteger a articulação afetada vai se tornar fonte de dor.

A maior parte das nossas articulações está localizada nos dois lados do corpo. Observamos isto nas articulações dos ombros, dos cotovelos, quadris, joelhos, tornozelos, etc. Se um lado estiver comprometido, é provável que o outro não esteja. As pessoas acabam contornando o problema com uso de muletas, cadeira de rodas ou outro artifício para compensar a deficiência.

As articulações que unem o maxilar inferior ao crânio – articulações têmporo-mandibulares ou ATMs – estão unidas por um só osso, a mandíbula. Por isso, o comprometimento de um lado afeta necessariamente o lado oposto. Portanto, as ATMs dos dois lados devem receber cuidados.

Nós conseguiríamos viver relativamente bem sem a mobilidade de uma ou das duas pernas, sem um ou dois braços, ou sem movimento da coluna. Mas sem a movimentação da boca a vida ficaria altamente comprometida ou praticamente impossível. Talvez por isto a ATM possua uma quantidade enorme de terminações nervosas com a finalidade de informar tudo o que está acontecendo ao nosso cérebro. É uma das regiões do corpo com a maior concentração de sensores. Diante de uma agressão à ATM, por menor que seja, a resposta será uma série de adaptações da postura no sentido de protegê-la. Estas modificações da postura vão sobrecarregar músculos e ligamentos, dando início a diversos problemas crônicos. A quantidade de informações sensoriais é tão grande na região que pode influenciar o funcionamento de outros sistemas orgânicos.

A manutenção da saúde da ATM é fundamental para a saúde do resto do corpo.

MANTENDO O EQUILÍBRIO E A POSTURA

Todo movimento começa e termina numa determinada postura. Se o sistema que mantém esta postura estiver funcionando corretamente, os movimentos também estarão equilibrados e livres de sobrecarga. Em outras palavras, se os músculos estiverem com seus tamanhos adequados, ajustados pelo sistema nervoso, todos os movimentos, dos mais simples aos mais complexos, serão executados com um gasto mínimo de energia e com menor possibilidade de causarem lesões.

Para que uma pessoa seja considerada posturalmente equilibrada, as articulações dos dois lados do corpo deverão estar paralelas à linha do horizonte. Desta forma, médicos, fisioterapeutas e personal-trainers deveriam avaliar o alinhamento dos ombros, dos quadris, dos joelhos e tornozelos.

Infelizmente, a maioria dos profissionais de saúde não leva em conta o alinhamento das ATMs, o que acaba comprometendo o resultado de seu trabalho.

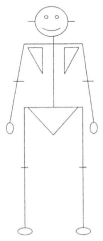

Os pacientes passam anos e anos visitando ortopedistas e fisioterapeutas, sendo submetidos a uma variedade de tratamentos, sem resultado nem a médio nem a longo prazo. Técnicas fantásticas como RPG, Rolfing, Alexander, Pilates, Seitai, etc., são aplicadas em indivíduos com as ATMs desequilibradas e todo o trabalho acaba "indo por água abaixo".

Da mesma forma, os profissionais especializados em tratamento da articulação têmporo-mandibular, ao não levarem em conta o equilíbrio das outras articulações do corpo, também terão seu trabalho comprometido.

O conceito de Ortopedia mostra ainda que numa vista de perfil, todas as articulações devem pertencer a uma linha vertical a partir do buraco da orelha.

O paralelismo e o alinhamento de TODAS articulações deve ser conseguido antes de se iniciar qualquer programa de reabilitação e fisioterapia. Isto é de grande importância em escolas de educação física, academias e principalmente na formação de atletas de alto nível. Estes indivíduos, em particular, têm seus sistemas musculares e articulares exigidos ao limite máximo; diante de um desequilíbrio da postura estão mais propensos a sofrerem lesões muito graves, muitas irreversíveis. Que sirvam de exemplo grandes esportistas impedidos de executar o melhor de suas performances por lesões repetidas.

INFLUÊNCIA DO NARIZ E DA BOCA NO RESTO DO CORPO

Para que uma pessoa consiga manter a postura adequada, desenvolver naturalmente seus movimentos e o funcionamento perfeito de órgãos e sistemas corporais é necessário ENERGIA.

Esta energia deve ser conseguida às custas de uma boa alimentação, que deverá ser absorvida pelo sistema digestivo. Daí a importância do bom funcionamento do aparelho mastigatório. Além disso, é necessária uma certa quantidade de oxigênio para que se processe a transformação do alimento ingerido em energia.

O cérebro, órgão que basicamente controla todos os sistemas do corpo humano, consome sozinho setenta por cento do oxigênio captado. Uma pessoa que respira mal, tem a taxa de oxigênio cerebral diminuída, afetando diretamente o funcionamento de todos os sistemas do corpo, principalmente aquele que mantém a postura. Quem respira mal não consegue corrigir a postura nem com exercícios nem com broncas. Peito pra fora e barriga pra dentro, pura perda de tempo.

Se o sistema mastigatório não trabalha adequadamente, além de problemas digestivos, muito provavelmente os côndilos da mandíbula estarão mal posicionados em suas cavidades, ou seus movimentos fisiológicos alterados. Estamos diante de uma disfunção das ATMs. Nosso sistema de defesa sinaliza esta anomalia indefinidamente, causando interferência em nossas respostas motoras. Este "curto-circuito" no sistema sensitivo-motor prejudica o funcionamento perfeito de outros sistemas.

A articulação têmporo-mandibular é tão importante que um lutador de boxe pode levar pancada na cabeça a luta inteira. Ficará com hematomas e escoriações e poderá resistir a diversos assaltos sem cair. Basta um golpe na ponta do queixo, sem muita potência, para alterar a posição do côndilo e o atleta desabar num nocaute arrasador, mal conseguindo se colocar em pé.

Devemos, portanto, identificar as disfunções do sistema respiratório e mastigatório o mais precocemente possível, para que os demais sistemas tenham condições de funcionar adequadamente.

AS CEFALÉIAS

Há muito tempo, as cefaléias têm sido uma grande dor de cabeça para os cientistas, literalmente. Tudo na tentativa de minimizar o sofrimento de metade da população mundial que tem ou terá algum tipo de dor de cabeça, conhecida como cefaléia. Com certeza é a campeã mundial das dores.

Existe uma classificação oficial apontando centenas de tipos diferentes de cefaléias. Conhecer e enquadrar o paciente num dos tipos catalogados ajuda no diagnóstico correto, mas não tem tanto significado para o paciente. Para ele, o importante é a solução do problema. De qualquer forma o diagnóstico correto vai indicar a melhor terapêutica para cada caso.

Sabemos que existem quatro grandes grupos de dores que ocorrem na região da cabeça.

O primeiro está relacionado às disfunções musculares. Quando um músculo não funciona direito ou fica em constante contração, o nosso sistema nervoso será avisado, na forma de dor. Não de uma dor aguda, pois é pouco provável que esteja ocorrendo uma lesão de algum tecido e sim a necessidade de uma função adequada dos músculos. As dores são de baixa intensidade, porém freqüentes, sem uma causa específica nem localizada. A maioria dos analgésicos não atinge o efeito desejado. Pior do que isto são as aplicações das toxinas já citadas, muito em moda no início deste milênio. O fato de destruir a ação muscular de forma irreversível não quer dizer que o problema esteja solucionado. A sinalização dolorosa deixa de existir, logicamente por um curto espaço de tempo. Até que nosso organismo consiga fazer uma nova "ligação" do Sistema Nervoso com o músculo afetado. Infelizmente, se o músculo reativado continuar com a disfunção, as dores voltarão. Portanto, aplicações sucessivas e intermináveis serão necessárias, até quando ninguém sabe.

Curiosamente para este tipo de cefaléia, procedimentos que usam movimentos mostram melhores resultados. Talvez por determinarem algum tipo de função benéfica para os músculos.

O segundo grupo de dores de cabeça se relaciona com distúrbios vasculares. Todo líquido presente no interior do crânio, principalmente sangue e líquor, deve estar em equilíbrio. A quantidade que "entra" deve corresponder àquela que "sai". Qualquer distúrbio neste mecanismo resultará numa grande dor de cabeça. Isto poderá acontecer, por exemplo, se as grandes artérias que levam o sangue para o crânio sofrerem alguma compressão mecânica. O mesmo raciocínio ocorre em relação ao sangue venoso que sai da cabeça através das grandes veias jugulares. Noventa por cento do sangue que deve ser drenado sai por estas veias. Imagine o que uma compressão nestes dois vasos poderá acarretar para o sistema.

Os vasos podem estar mais apertados ou mais estreitos por diversos fatores. Em quase todos os alimentos que ingerimos estão presentes muitos elementos que atuam sobre estes vasos. São as substâncias vaso-ativas. Existem algumas pessoas que são mais sensíveis a determinados grupos de alimentos que provocam alterações no sistema circulatório.

O terceiro grupo se refere às Nevralgias do Trigêmeo. O nervo Trigêmeo é um dos principais nervos encefálicos, pois além de ser o responsável pela sensibilidade de grande parte da cabeça junto com seu segmento motor, inerva quase setenta por cento do crânio inteiro. Qualquer irregularidade na função do próprio nervo, seja provocada por pinçamentos, compressões ou irritações bioquímicas, resultará numa sinalização de dor característica. Um diagnóstico preciso ficará a cargo de um bom neurologista e caberá a ele a escolha da melhor terapêutica. As dores sinalizadas pelo nervo Trigêmeo, indicando um comprometimento dentário ou até mesmo das ATMs, se confundem com a nevralgia clássica do Trigêmeo, dificultando o diagnóstico correto. A abordagem multidisciplinar se faz necessária nestes casos, envolvendo a Medicina, a Odontologia e a Fisioterapia.

No quarto grupo das cefaléias, as dores são atribuídas a traumas, infecções e tumores adquiridos ou congênitos. A única dificuldade nestes casos se relaciona aos tumores no interior do crânio que não provocam dor propriamente dita. Por incrível que possa parecer o órgão responsável pela sinalização da dor, não dói. Os neurônios não sentem dor. Como os próprios tecidos do cérebro não são sensíveis, muitos tumores nestes locais são descobertos por acaso através de achados em exames de imagem ou por provocarem outros tipos de distúrbios. A avaliação neurológica é fundamental para o diagnóstico e a terapêutica a ser utilizada nestes casos.

Agora, a melhor notícia. Noventa por cento das dores de cabeça correspondem às do primeiro grupo, ou seja, relacionadas aos músculos. Apenas oito por cento das dores têm a ver com problemas vasculares. O resto está distribuído entre Nevralgias do Trigêmeo, tumores, traumas e processos infecciosos.

Portanto, você que sofre de dores de cabeça, tem noventa por cento de chance de resolvê-las fazendo seus músculos funcionarem adequadamente. Além disto, cuidando da postura que é influenciada principalmente pela respiração e pela mastigação erradas.

Capítulo II
Prevenção

Gustav Klimt
Esperança I (1903)
Galeria Nacional do Canadá, Ottawa

NASCIMENTO

Resultado de um ato de amor, o pequeno ser começa a crescer e se desenvolver no ventre materno. Durante o período da gravidez, o futuro bebê fica literalmente num "mar de tranqüilidade", imerso no líquido amniótico, protegido e com nutrição suficiente. Com todos os méritos, pois não foi fácil sair vencedor da primeira grande batalha da vida, que é a corrida dos espermatozóides. Portanto, ao chegarmos ao mundo, já somos, de certa forma, vencedores.

Durante nove meses, sistema nervoso, muscular e ósseo se desenvolvem nesta mesma ordem. Para o perfeito amadurecimento de todo este processo será necessário muito alimento, oxigênio de boa qualidade e muito carinho. A mãe fornece tudo isto para o futuro bebê e além de se preocupar com uma boa alimentação, deve eliminar, mesmo que temporariamente, vícios como uso de álcool e cigarro. Tudo será fornecido pela placenta através do cordão umbilical: nutrição e defesa. O bebê, por sua vez, engole e elimina o líquido amniótico continuamente, iniciando o amadurecimento dos processos da deglutição, digestão e eliminação do que não interessa.

Quando tudo estiver praticamente "pronto", o corpo da mãe recebe o aviso através de substâncias produzidas pelo próprio bebê e inicia-se o trabalho de parto. Contrações ritmadas cada vez mais intensas e freqüentes vão massageando o feto, até que ele seja expelido pelas vias naturais. Quando acontece um imprevisto e a opção é o nascimento através da cirurgia cesariana o ato aparentemente "facilitado" para a mamãe torna-se muito prejudicial para o bebê. Este terá que passar por um processo de limpeza artificial. Por mais delicado que seja o trabalho executado pelas enfermeiras, a higiene externa e interna é extremamente agressiva para os sensíveis tecidos do recém-nascido.

Quem não se emociona com a estória do homem que tentou ajudar a saída da lagarta de seu casulo, cortando-o? Acabou aleijando a borboleta.

Infelizmente, nosso país está entre os campeões mundiais de cesarianas.

O parto natural, por outro lado, promove uma verdadeira limpeza de todos os orifícios que estavam cheios e entupidos. O bebê nasce praticamente limpo e o sopro da vida é literalmente feito pelas narinas. Acontece a primeira inspiração pelo nariz. O choro é a resposta a todo este sofrimento maravilhoso em comemoração à nova vida.

RESPIRAÇÃO

A respiração nasal é um processo que deve ser registrado pelo nosso cérebro na época adequada. O amadurecimento de todas as estruturas é feito aos poucos e na medida da necessidade. Desde o início da formação do cérebro, as experiências pelas quais todos nós passamos são registradas pelos neurônios e servem para "moldar" as nossas futuras funções. O mais interessante disto tudo é que de alguma forma existem épocas apropriadas para que isto ocorra.

Assim, por exemplo, acontece com o aprendizado da música. A melhor época para se tomar contato com as notas vai da primeira infância até a pré-adolescência. O cérebro está "aberto" para este tipo de informação e, possivelmente, as pessoas que experimentarem esta oportunidade, poderão se tornar bons músicos. Se esta chance for perdida, isto é, o contato com a música acontecer após o fechamento da época apropriada, não quer dizer que não aprenderemos música. Isto poderá acontecer, mas será às custas de um enorme sacrifício. Talvez isto explique porque os grandes gênios da música tiveram seus estudos iniciados na primeira infância.

Durante a gestação, como não havia necessidade de captação de oxigênio pelo ar, o sistema respiratório pulmonar não estava "ligado". A melhor época para o registro do processo respiratório vai do nascimento até dois anos de vida.

Se o ar entrar e sair pelo nariz durante este período, seremos naturalmente respiradores nasais. Caso contrário nos tornaremos respiradores bucais. Portanto, a CAUSA que faz com que uma pessoa use a boca para a entrada e saída do ar é a falta de registro neural da respiração natural dentro da janela da oportunidade.

Identificar um respirador bucal é uma tarefa extremamente simples. Basta observar as pessoas quando estão distraídas. Se os lábios estiverem levemente separados, ela pode ser uma respiradora bucal. Pode ser, porque em algumas situações, apesar da boca aberta, o ar poderá estar entrando e saindo pelo nariz. Nestes casos a língua se encarrega de fechar a passagem do ar pela boca, mas isto acaba se tornando um outro problema. Você mesmo poderá verificar se o ar está entrando e saindo pelo nariz. Coloque um espelho pequeno, de preferência de dupla face, logo abaixo das narinas e observe a formação de áreas embaçadas na superfície do vidro. A área embaçada mostrará por onde o ar está transitando. Pela boca, pelo nariz ou por ambos orifícios no caso de respiração mista. Na dúvida, o ideal sempre será a opinião de um profissional habilitado.

O ar que entra pelo nariz tem sua temperatura normalizada, é filtrado e umedecido para que os pulmões possam retirar a maior quantidade possível de oxigênio. O ar que sai pelo nariz, rico em gás carbônico, além de proporcionar uma limpeza das vias aéreas, informa nosso cérebro o nível destes gases no corpo.

Quando a respiração é feita pela boca, o ar inadequado sobrecarrega os pulmões que não conseguem captar oxigênio com eficiência. A boca e o nariz fazem parte da porta de entrada de tudo aquilo que precisamos. E o que não precisamos também! Por isto, somos dotados de um sistema de vigilância localizado na região da garganta a fim de que sejam detectados possíveis invasores. São estruturas "inteligentes" que fazem a marcação de tudo que passa por ali e providencia a defesa se for o caso. Formam um verdadeiro exército de proteção, em forma de anel e são chamados popularmente de amídalas e adenóides. Atualmente os nomes corretos são tonsilas palatinas e tonsilas faríngeas, respectivamente.

Quando estes tecidos são agredidos de forma intensa e constante, como acontece nas pessoas que respiram pela boca, estas estruturas aumentam de tamanho, com o propósito de intensificar a defesa. Se a agressão for removida a tempo, os tecidos naturalmente voltam ao seu tamanho e continuam desempenhando o papel de vigia. Nos casos mais agressivos, ou quando o tamanho da amídala ou da adenóide passam a causar problemas existe a necessidade da remoção cirúrgica. Um bom otorrinolaringologista poderá lhe ajudar nesta decisão.

Ao identificarmos um respirador bucal com suas amídalas e adenóides alteradas, não podemos simplesmente achar que eliminando as tonsilas todos os problemas serão solucionados. Ao estabelecermos uma respiração exclusiva pelo nariz aqueles tecidos tendem a diminuir seu tamanho espontaneamente, ou seja, não são eles que impedem a respiração nasal. Outro aspecto a se levar em conta é que respiradores bucais apresentam pequeno desenvolvimento do terço médio da face, levando o palato a adquirir um formato de ogiva, além de outras alterações. Isto nos leva a duas leituras: primeiro, as amídalas e adenóides estão grandes diminuindo a passagem do ar; segundo, a passagem do ar é pequena para o tamanho das amídalas e outros tecidos. Prefiro dar chance à segunda leitura, promovendo um desenvolvimento adequado da face através dos recursos ortopédicos funcionais, hoje disponíveis. Quando isto não for possível, a intervenção cirúrgica será necessária. Muitos pacientes após a remoção cirúrgica das "obstruções" – tonsilas ou hipertrofias das conchas nasais nos processos alérgicos – voltam a respirar espontaneamente pelo nariz. Sinal de que o registro neurológico foi "ligado" para esta função na época adequada. Em contrapartida, muitos pacientes continuam respirando de forma errada mesmo após a cirurgia. Isto confirma a nossa idéia de que a obstrução por si só não é a causa que impede a entrada do ar pelo nariz. Nestes casos, um treinamento respiratório adequado, com o auxílio da fonoaudiologia, será determinante na recuperação destes pacientes.

Respirando corretamente tornamos nosso corpo mais resistente a algumas doenças como Rinites, Sinusites, Otites, Bronquites, Alergias e Apnéias. Lembrese, o ar deve obrigatoriamente entrar e sair exclusivamente pelo nariz. O uso da boca para isto somente em ocasiões especiais como preparação para determinados exercícios, prática de alguns esportes, ou enquanto estivermos com nariz entupido por gripes ou resfriado. Fora isto, boca fechada!

ALEITAMENTO MATERNO

A primeira alimentação que recebemos é de graça, e já mostra seus efeitos benéficos logo de início. Uma pesquisa feita com recém-nascidos demonstrou que os bebês que mamaram cinco minutos antes do necessário e dolorido teste do pezinho, suportaram bem a prova. Reagiram positivamente em relação à freqüência cardíaca, respiratória e dormiram tranqüilamente. Alguns dos bebês tiveram um choro leve.

Por outro lado, os que não receberam aleitamento antes do teste botaram a boca no trombone. Todos choraram muito, demonstrando uma sensação maior de dor além de outras alterações fisiológicas. Com certeza, o leite devia estar muito bom, ou será que a movimentação da ATM tem alguma influência nesta história? Mistério a ser desvendado. Como diz o velho ditado "quem mama não chora...".

Aprendemos a respirar corretamente enquanto somos alimentados no peito materno. Isto acontece facilmente no primeiro ano de vida, bem na época que o sistema nervoso está preparado para registrar esta informação. O bebê, mamando no peito da mãe no mínimo por um ano, faz com que o ar entre e saia pelo nariz, permitindo o perfeito desenvolvimento da face e do sistema mastigatório, preparando-o para triturar os alimentos.

No surgimento dos primeiros dentinhos-de-leite, os músculos da mastigação estarão prontos para mastigar com eficiência os alimentos duros e secos, que irão proporcionar um desenvolvimento adequado e harmônico da face da criança.

O aleitamento no peito da mãe, além de obrigar a entrada e a saída do ar pelo nariz, regula as funções da deglutição e promove o crescimento da mandíbula. Isto sem contar com o poder nutritivo e imunológico do leite materno. O movimento de ordenha que a criança executa para fazer o leite fluir promove um avanço e um retrocesso do maxilar inferior que vai resultar num crescimento do osso da mandíbula. Desta forma, o bebê que normalmente nasce com o queixo pequeno, tem as bases ósseas normalizadas, após um ano de amamentação, quando receberão os dentes-de-leite. A mãe deve se preocupar em manter o nariz do bebê livre para a passagem de ar, além de oferecer os dois peitos alternadamente. Quando os bebês usam sempre o mesmo peito para mamar, ficam grande parte do tempo com uma orelha fechada a estímulos importantes. Pode parecer exagero, mas as duas orelhas estão preparadas para receber os estímulos sonoros de forma diferente de um lado e de outro. Existem receptores específicos que captam sons diferentes em cada orelha. A falta destes estímulos de forma equilibrada pode influenciar a formação correta do sistema nervoso.

Atualmente, programas de aleitamento praticados por algumas instituições favorecem até mães adotivas. O bebê recebe o leite por meio de um canudinho adaptado junto ao peito da mãe adotiva e passa a se alimentar. O trabalho de sucção estimula o cérebro da nova mamãe que comanda a produção do próprio leite em poucos dias. Isto é fantástico.

MASTIGAÇÃO

As crianças que não recebem o aleitamento no peito da mãe, fatalmente utilizam chuquinhas e mamadeiras. O processo de desenvolvimento não ocorrerá dentro de um padrão de normalidade e esta criança certamente terá dificuldades na realização de algumas funções.

Se tudo ocorrer dentro do previsto pela natureza, ou seja, a criança se alimentou usando o peito da mãe no mínimo por um ano, ao surgirem os primeiros dentes-de-leite, ela estará preparada para mastigar. O alimento, em contato com a boca, desencadeia um processo automático de ciclos mastigatórios bilaterais alternados. Se o alimento for seco e consistente, exigirá uma força muscular suficiente para promover um desgaste, ou melhor, um amadurecimento natural da dentição. Este movimento alternado e potente induz um crescimento ósseo suficiente para receber a primeira dentição. Além disto, permite o crescimento harmônico de todo o crânio. A partir dos cinco anos de idade, os dentes estarão fisiologicamente desgastados, os músculos potentes e com estrutura óssea suficiente para o recebimento dos dentes permanentes. Com espaço necessário para o encaixe de todas as peças. Mesmo durante a fase de troca dos dentes, até a formação completa dos maxilares devemos tomar o cuidado de mastigar alimentos secos e duros, bilateralmente e alternadamente para que não se instale uma mastigação viciosa unilateral.

Provavelmente, a maturação do sistema nervoso em relação ao processo mastigatório tem a sua melhor oportunidade de registro a partir do surgimento dos primeiros incisivos de leite, até o início da dentição permanente. A partir daí, temos que cuidar para que isto ocorra de uma forma natural, sem impedimentos, até o final da vida.

Procure observar se não está se instalando um processo vicioso de mastigação unilateral. Se isto acontecer, será necessário descobrir a causa. Isto poderá levar a modificações estruturais nos seus dentes e afetar seu corpo inteiro.

Será que preciso usar aparelho para corrigir os dentes?

Quando devo começar?

Estas duas perguntas são muito comuns em nossos consultórios. O início de um tratamento deve ser feito o mais breve possível, tão logo a necessidade seja detectada. Diante de um problema de saúde fica muito arriscado postergar o tratamento. Nenhum médico, diante da doença, recomenda deixar para depois.

Não importa a idade do paciente. Atualmente podemos fazer pequenas intervenções até sem o uso de aparelhos em pacientes com dentes-de-leite. Um pequeno procedimento durante a primeira infância pode salvar uma boca para o resto da vida.

Como perceber então quando as coisas estão erradas? Você pode fazer um auto-exame e observar a existência de pequenas modificações na engrenagem de suas arcadas dentárias e na de seus filhos também. Apenas lembrando que adultos deveriam ter 32 dentes na boca e crianças 20 dentes-de-leite.

Uma maneira simples de verificar a existência de modificações estruturais é observar seus dentes diante de um espelho. De boca fechada e lábios abertos, se você dividir a arcada superior ao meio, deverá existir uma coincidência com a metade inferior. A linha mediana superior deve coincidir com a inferior. Havendo um desvio para qualquer dos lados, você pode ter uma disfunção mastigatória. Além disto, os dentes superiores devem estar cobrindo os dentes inferiores feito uma tampa de caixa de sapatos. Quando um ou mais dentes superiores estiverem invertidos em relação aos inferiores dizemos que a mordida está cruzada. Os dentes superiores devem cobrir os inferiores de forma discreta. Arcada inferior muito escondida como se a tampa fosse maior que a caixa também requer cuidados. Por outro lado, a falta de contato dos dentes superiores com os inferiores é indicação das mordidas abertas. Qualquer uma destas anomalias merece uma visita ao dentista.

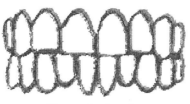

Boca fechada

Só o fato dos dentes estarem bem posicionados e parecerem bonitos, não quer dizer que estejam funcionando bem.

Um outro teste muito simples para verificar a função é fazer o maxilar inferior deslizar para a direita e para a esquerda, mantendo o contato com os dentes superiores, a partir da posição centralizada com todos os dentes se tocando.

Em outras palavras, partindo da posição de boca fechada com todos os dentes em contato, deslize a mandíbula para a direita até que os dentes daquele lado fiquem no mesmo alinhamento. Observe que houve uma leve separação das arcadas. Repita o procedimento para o lado esquerdo e note que também existe uma separação.

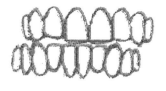

Deslizando
para a direita

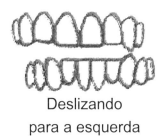

Deslizando
para a esquerda

Para os dois lados, os movimentos devem ser iguais e a separação das arcadas tem que ter o mesmo tamanho, ou seja, o afastamento dos maxilares deve ser igual. Se isto não ocorrer, você tem uma disfunção da mastigação, ou seja, uma disfunção da ATM.

Se não quiser arriscar, não custa nada pedir informações a um profissional especializado.

Capítulo III
Casos Clínicos

Tarsila do Amaral
Operários (1933)
Coleção Governo do Estado de São Paulo

LAIS, 6 ANOS

Como a disfunção do sistema estomatognático – nome mais complicado da disfunção da ATM e da respiração – não escolhe sexo nem idade, devemos intervir logo que ela se manifesta. Por isto, podemos ajudar com orientações aos pais, com exercícios mastigatórios e respiratórios mesmo antes de se instalarem os problemas. Desta forma, trabalharemos com a prevenção no nível mais nobre que existe.

Caso a dentição de leite apresente alguma anomalia, devemos iniciar o tratamento o mais rápido possível. Muitas pessoas acham perda de tempo corrigir os dentes decíduos, pois serão substituídos pela dentição permanente a partir dos seis anos de idade. Puro engano. Os dentes permanentes seguem a orientação do posicionamento e do desenvolvimento dos dentes-de-leite. A oclusão errada dos decíduos se manifesta nos dentes permanentes, acumulando todas as alterações de desenvolvimento do crânio e da face e piorando a situação.

Nunca deixe para depois as situações a serem corrigidas principalmente na área da saúde. Muitas vezes uma simples orientação, um pequeno ajuste num esmalte que deixou de ser desgastado fisiologicamente por causa da alimentação moderna, ou um acréscimo de resina bem orientado pode salvar uma boca pelo resto da vida.

Com o peso bem acima do que se espera de uma menina de seis anos, Lais entrou no consultório com os olhinhos de um coelhinho assustado. Com lábios entreabertos e ofegando em demasia sentou-se e não proferiu uma só palavra até o fim da consulta. O motivo da visita, segundo os pais, foram os dois incisivos inferiores totalmente encobertos pelos superiores. Apesar de não se enquadrar na Síndrome da Face Longa – a sua era bem rechonchuda – tratava-se de uma respiradora bucal típica. Depois de uma boa conversa com os pais, solicitamos os exames complementares de praxe e indicamos um tratamento com aparelhos ortopédicos funcionais. Primeiro sorriso da Lais. Não me iludi, pois é sempre assim. Não vêem a hora de colocar o aparelho... e depois de tirá-lo!

O problema mais sério deste caso foi o grau de Apnéia do Sono diagnosticada. Muito sufoco durante as noites e também durante os dias. Uma simples brincadeira de correr já desencadeava situações de náuseas repetidas chegando às vezes ao vômito.

Chegou então, o dia mais feliz da vida de Lais segundo ela própria. A colocação do aparelho. Não durou mais de trinta segundos, o tempo que o aparelho Regulador de Funções ficou dentro da boca. Até o final da consulta este tempo foi melhorado três vezes. Não deixava de ser uma vitória. A recomendação foi de que o tempo de uso fosse gradualmente aumentado com ênfase nos exercícios respiratórios.

Ao final de dois meses, o uso do aparelho já era bastante regular e a Apnéia, supostamente obstrutiva, desaparecera. Dois anos de tratamento foi o suficiente para orientar os dentes de forma adequada e a partir daí um controle rígido no desenvolvimento, principalmente em relação à dieta alimentar.

RAFAEL, 11 ANOS

Falta de espaço para os dentes anteriores de Sofia, irmã mais velha, 14 anos, foi o motivo da consulta. Os dentões de "Mônica" eram os primeiros que apareciam nas fotografias. A velha história de esperar a dentição permanente se completar para iniciar a correção, dificultou bastante a solução deste caso, agravada pelo uso insistente de um piercing lingual. No corpo esguio, já sendo preparado para a puberdade, notava-se claramente uma anteriorização da cabeça, os ombros rodados para frente e uma evidente cifose torácica. A respiração bucal tinha sido determinante na formação das arcadas dentárias levando a uma visível falta de espaço para os dentes permanentes.

O tratamento seguia com todas as dificuldades impostas pelos adolescentes. O grau de melhora ia sendo observado aos poucos. Eu tinha certeza que o tratamento se arrastaria por muito mais tempo em relação ao previsto. Assim mesmo, com muita paciência continuava conduzindo o tratamento da melhor maneira possível.

Em todas as consultas, a única certeza era a presença do irmão: Rafa.

Rafael aguardava o tratamento da irmã para ser avaliado, por sugestão de sua mãe. Era um garoto tímido, de olhar triste, pouca conversa. Seu corpo era muito parecido com o da irmã, a não ser por um desnível do ombro, que atribuí posteriormente a uma mastigação viciosa unilateral. Durante o monólogo do exame clínico, do qual fui protagonista, detectei a causa de toda aquela situação. Uma dor de cabeça que aparecia a cada quatro ou cinco dias com picos que faziam-no chorar. Fiquei sabendo que o garoto já havia passado por inúmeros exames e o diagnóstico foi fechado como enxaqueca. Difícil aceitar que cefaléias inespecíficas possam atingir crianças. Mas acontece, e atualmente, com uma freqüência que chega a preocupar. Como nenhum analgésico surtia efeito, seu tratamento estava sendo conduzido com base numa droga antidepressiva, supostamente inofensiva devido a sua baixa dosagem. Tratava-se do "irmão mais bonzinho" do Prozac. Um inibidor da recaptação da serotonina. Sugeri à mãe que desse uma lida na bula e avaliasse o risco a que seu filho estava exposto.

Apesar do clima de desconfiança e espanto, Rafael aceitou passivamente a colocação do Aparelho Ortopédico Funcional, bem como os exercícios respiratórios. Apesar de todos os problemas comportamentais e dos distúrbios do sono, próprios de um desequilíbrio metabólico aumentado pelo uso de certos medicamentos, o garoto era responsável, talvez pela força das circunstâncias. O fato é que na consulta de retorno, dando continuidade ao tratamento dos dentes, não tocamos no assunto dores de cabeça.

Por volta do segundo mês de tratamento, quando o tempo de uso do aparelho e a intensidade de exercícios respiratórios estavam num pico estável, não me contive e perguntei ao menino sobre suas dores de cabeça.

— Que dores de cabeça? Surpreso, me perguntou. Aquelas que te faziam chorar, respondi. Pensou por alguns instantes e se deu conta que estava livre delas.

Maravilhoso este cérebro!

DIEGO, 22 ANOS

Altura acima da média, postura adequada, típica de um atleta. Este equilíbrio era reforçado por um perfeito alinhamento de todas as articulações quando analisadas de perfil. Observando-o de frente e de costas não se notava desvios importantes em sua coluna vertebral. Porém, os lábios estavam sempre entreabertos e infelizmente sem quatro dentes importantes que haviam sido excluídos na tentativa de um melhor alinhamento dentário. Inútil, pois os dentes remanescentes teimosamente insistiam em se acavalar.

A disfunção da ATM, apesar da inexistência de dores na região, era facilmente percebida pelos movimentos totalmente fora dos padrões fisiológicos. A oxigenação do sistema nervoso central estava deficitária e a articulação mais importante do nosso corpo não funcionava. Meu diagnóstico estava fechado, mas na opinião do rapaz, a articulação mais importante não era aquela. Impossibilitado de praticar o voleibol, esporte no qual se dedicava quase que profissionalmente, a articulação do ombro direito tornava-se a mais importante para ele naquele momento.

Após submeter-se às mais variadas técnicas fisioterápicas na tentativa de reforçar e proteger suas articulações, acabou desistindo e resolveu conviver com as dores. Todo processo de fisioterapia aplicada, nestes casos, resulta numa melhora do tônus muscular do segmento envolvido. Mas isto acontece de forma temporária. Quando o "tratamento" termina, o tônus conseguido desaparece. O tratamento localizado não alcançava o efeito desejado. Deveria ser iniciado um pouco mais acima. Exatamente no sistema nervoso central que controla o tônus muscular de base. Controle comprometido pela respiração errada e pela disfunção da ATM.

O trabalho de recuperação da mastigação foi extremamente dificultado pela falta dos quatro dentes perdidos. Mesmo com esta limitação, a recuperação da dinâmica mandibular e da eficiência respiratória foram suficientes para modular todos os sintomas afetados.

Atualmente, Diego pratica seu esporte de forma lúdica, mastigando bem e respirando bem. Afinal, o sonho de ser atleta custa muito caro.

GABRIELA, 34 ANOS

— Estou muito preocupada com meus dentes. Estão se desgastando de tanto que os aperto. Algumas noites faço até barulho com os dentes rangendo. Troquei várias placas protetoras pois, invariavelmente acabo por destruí-las. Tenho bruxismo e atribuíram isto a problemas de fundo emocional. Eu?

Logo percebi, durante a consulta que tratava-se de uma pessoa calma e ponderada, e respondia tranqüilamente minhas perguntas. Fez um breve relato da história de sua vida e, a menos que tenha omitido não apontou nenhum fato que pudesse justificar os supostos problemas emocionais. Infância e adolescência felizes, dentro de uma estrutura familiar irretocável e hoje, bem casada e mãe de dois filhos.

Apesar de bem cuidados, uma mordida profunda fazia com que seus dentes superiores escondessem quase que totalmente os dentes inferiores. Isto impedia que a mandíbula exercesse sua função com movimentos harmônicos, deslizando de um lado para o outro. Esta limitação de movimento também é uma característica de disfunção das ATMs.

Após a reposição da mandíbula e da nova dinâmica estabelecida por um aparelho ortopédico funcional, e à custa de um protocolo específico de fisioterapia o problema foi resolvido. Foram necessários três meses.

O bruxismo se apresenta de duas formas: apertamento e ranger de dentes. Acontece em qualquer idade e atribui-se o problema a distúrbios emocionais.

O que dizer das pessoas que apresentam bruxismo e são emocionalmente estáveis. Talvez a causa deste distúrbio não seja esta.

Acredito que os movimentos musculares involuntários do bruxismo sejam uma forma de manter as ATMs em atividade, preservando assim todas as estruturas envolvidas. O sistema emocional apenas intensifica o processo.

Todas as vezes que o sistema estomatognático passa a funcionar fisiologicamente, o bruxismo tende a desaparecer.

IVANDT, 56 ANOS

Aposentado, de "bem com a vida", procurando desfrutar tudo o que plantara em toda sua brilhante carreira, acostumou-se a acompanhar o tratamento odontológico do filho. Apesar de morar em outra cidade, fazia questão de comparecer às consultas, pois sempre fazia questão de deixar nosso papo em dia.

Numa destas visitas, surgiu o assunto de noites mal dormidas. Contou que durante os últimos onze anos, nunca tinha conseguido um sono reparador e supostamente merecido.

Observamos que além de respirador bucal, sua mandíbula era retraída e começamos a perguntar sobre possíveis enxaquecas, dores nas costas, medicações adotadas, enfim, tudo que pudesse ter relação com aqueles sinais. Surpreso e desconfiado, perguntava-se como poderíamos ter "adivinhado" tudo que se passava.

Submetendo-se a um exame clínico mais detalhado, identificamos verdadeiros distúrbios do sono, agravados por apnéias noturnas e ronco constante. Logicamente, as noites de insônia repercutiam ao longo dos dias. Cansaço e sonolência constante.

Explicamos que os distúrbios estavam relacionados com a disfunção do sistema estomatognático, em especial com a respiração deficiente, com a posição e função errada da mandíbula. Estes dois fatores têm uma influência muito grande na manutenção do tônus muscular, principalmente dos músculos localizados na garganta. Estes músculos compõem válvulas que controlam a passagem de ar para os pulmões, o fluxo de alimentos e saliva para o estômago. A disfunção destes tecidos, vibrando com a passagem de ar provoca o barulho do ronco.

E as paradas respiratórias noturnas? Seriam causadas pela presença destes tecidos moles, impedindo a entrada do ar? Não deveriam obstruir também a saída?

A crença da maioria das pessoas é de que exista um bloqueio físico impedindo a entrada do ar para os pulmões. Este impedimento seria causado pelos tecidos amolecidos. O que realmente acontece é uma falha no controle do sistema respiratório. É fácil entender: como a respiração e a deglutição usam o mesmo trajeto para chegar a seus destinos, além do controle executado pelas válvulas instaladas na garganta, um outro fato contribui para a segurança do sistema. Quando deglutimos qualquer coisa, um toque de pressão na região posterior da língua, junto à "campainha", provoca um impulso nervoso que resulta numa parada respiratória neste momento. Não podemos respirar enquanto deglutimos, graças a Deus! Não fosse isto, substâncias impróprias poderiam ser sugadas pelos pulmões. Se por qualquer motivo, ficarmos com este toque de pressão de forma contínua, o cérebro "entende" que estamos em processo de deglutição e a respiração é cortada. Eliminando este toque, conseguimos resolver a maioria das apnéias "obstrutivas".

Após três meses de tratamento, como de costume, solicitamos um relatório do paciente, e com muita satisfação e orgulho recebemos o seguinte agradecimento:

Santos, 28 de dezembro de 2003.

Cumprimentando-os, venho trazer um abraço amigo e apresentar a seguinte declaração, dela podendo fazer uso, no todo ou em parte e sem reservas, quer em palestras, quer em artigos publicados.

Tenho recordações de padecer dores de cabeça desde a infância, quando minha família deu início a consultas médicas, submetendo-me a exames de vista, da coluna e clínicos em geral. As dores se repetiram e permaneceram na adolescência, prejudicando-me, de alguma forma, nos estudos e nos esportes. No período universitário e nos primeiros anos da vida profissional, a cefaléia não só aumentou a intensidade, mas, também o número de crises, obrigando-me a ingerir maior quantidade de analgésicos e remédios específicos, remédios estes que produziram, sim, seus efeitos. Não abandonava qualquer deles, receoso de que as dores aumentassem. Obviamente alastraram-se os exames de saúde em busca da causa principal de que as dores de cabeça eram a terrível conseqüência. Repetiram-se os exames de fundo de olho, da acuidade visual, das carótidas, fígado e vesícula, intestinos, coluna e crânio. Empilhei encefalogramas, chapas, eletrocardiogramas e ergométricos. Juntaram-se aos remédios comuns, os indutores do sono e os denominados tarja-preta, a fim de relaxar e acalmar o sistema nervoso, pois que, a partir dos 40 anos de idade, iniciaram-se as insônias, o bruxismo e as interrupções respiratórias. Despertava cansadíssimo, com a sensação de que, durante a noite, uma locomotiva manobrara sobre meu corpo. Devo acrescentar que em toda minha vida consultei regularmente dentistas, dada a grande facilidade para adquirir cáries, não obstante mantivesse uma higiene sem descuidos. Foi assim que um dia, casualmente acompanhando meu filho ao consultório odontológico, na Capital, solicitei uma consulta de rotina. Recebi duas notícias: a primeira, nenhuma cárie à vista; a segunda, a posição das arcadas estava de tal sorte irregular que eu "poderia sofrer dores de cabeça, ter insônia, praticar bruxismo e suportar dores no nervo ciático". Saltei da cadeira, convencido de que os doutores souberam do meu infortúnio, por terceiros, e aproveitavam a oportunidade para fazer uma brincadeira. Feliz engano. Submeti-me ao tratamento e a correção proposta, e como num passe mágico, desapareceram as violentas dores de cabeça. Recuperei o sono profundo. Libertei-me do bruxismo e das apnéias. Disse adeus, com gratidão, aos médicos que me auxiliaram, ante-

riormente. Agora a vida é outra. Faço de tudo. Pratico esportes, como e bebo o que sinto vontade e juntei uma fortuna incalculável e indisponível: a faculdade de sorrir".

Reconhecido e agradecido, com a admiração do

Ivandt Muniz Dutra

Envaidecido pelo resultado, ganhei um amigo e um "óleo" dos Dutra que até hoje adorna minha sala de estar.

NEUZA, 83 ANOS

A reabilitação do sistema estomatognático envolve uma abordagem multidisciplinar. Num dos encontros com fisioterapeutas, onde passava informações sobre o protocolo de tratamento, uma delas me perguntou se havia a possibilidade de uma avaliação de sua tia. Uma senhora que apresentava queixas de dores constantes na face direita. No dia da entrevista deparei-me com uma "jovem senhora", maquiada, bem trajada, elegante, e muito falante. Sua filha a acompanhou na primeira consulta, mas não precisou falar absolutamente nada. Apenas fazia sinais para que não levasse em conta as reclamações da mãe, que pelo meu entender deviam ser de praxe. Dona Neuza relatou sua história de dores há dezoito anos e toda a trajetória de tratamentos e medicações até chegar ali. Tudo isto eu conhecia muito bem. Até a pergunta fatal! O senhor acredita em mim? Respondi que sim, mesmo que a causa da dor fosse de fundo emocional, pois sabemos que mesmo essa é verdadeira. De qualquer forma solicitei os exames necessários e iniciamos o protocolo como de costume. O aparelho inicialmente instalado, sobre as próteses existentes, mostrou que a nova dinâmica dos dentes, não só eliminou o foco principal das dores intrabucais, como estabilizou todo o resto dos sistemas. O resultado foi tão surpreendente que ela não hesitou em trocar todas as próteses antigas por outras novas, agora equilibradas. Sem dar satisfação aos familiares, por decisão própria, assumiu completamente o tratamento. A única dificuldade foi conciliar o serviço de conduzir os netos nas atividades escolares dos quais era a "motorista particular" além das atividades beneficentes que freqüentava. Fora isto, compareceu a todas as consultas, sozinha, e guiando seu próprio automóvel. Depois de um ano, marcou nova consulta relatando que num determinado dia, a dor lhe pareceu que iria voltar. Passando o dedo pelo local, achou que tinha sido coisa de sua cabeça e nada aconteceu. Expliquei que em muitos casos a experiência dolorosa fica registrada de alguma forma em nosso cérebro, que em determinadas condições parece vir à tona. Mistérios, que em certos casos precisam até de tratamentos específicos. Imediatamente, disse que esse não era o seu caso, e sem hesitar soltou a seguinte frase:

— Preciso arrumar mais coisas para fazer. Acho que estou começando a ficar velha!

Sábia, esta dona Neuza...

CAPÍTULO IV
Tratamento

Michelangelo Buonarroti
A criação do homem (1511)
Vaticano, Roma

A SAÚDE COMEÇA PELA BOCA
CORRIGINDO AS DISFUNÇÕES RESPIRATÓRIAS E MASTIGATÓRIAS

Para se identificar uma disfunção respiratória basta verificar a posição dos lábios nas situações de relaxamento. O indivíduo quando distraído, com os lábios entreabertos, está respirando pela boca, ou pelo nariz e boca ao mesmo tempo, ou seja, respiração mista. A falta de vedamento labial espontâneo indica uma disfunção respiratória que ocasionará diversos problemas, desde gengivas e lábios ressecados até os mais complexos como dificuldades auditivas, falta de concentração, descontroles hormonais, gastrites, problemas relacionados ao sono, apnéias, etc.

Outra característica do respirador bucal é que podem apresentar ronco, babam no travesseiro, sofrem de rinite e sinusites crônicas, são dispersos, se alimentam mal e são mais propensos a desenvolver problemas articulares e musculares.

O ar entra pela boca por um vício respiratório adquirido e não por uma obstrução nas vias aéreas superiores. As obstruções mecânicas verdadeiras são raríssimas e se resumem a problemas congênitos ou presença de tumores. A remoção das amídalas, adenóides ou a correção dos desvios de septo nasal não garantem o retorno à respiração normal. É necessário um treinamento intensivo para que o ar entre e saia pelo nariz. O método mais simples e barato é colocar um clipe metálico – daqueles para prender papel – entre os lábios e mantê-lo nesta posição durante alguns minutos, várias vezes ao dia. O exercício de baixa intensidade e alta freqüência faz o cérebro registrar a maneira certa de respirar evitando assim uma série de problemas. Além disto, as inspirações e expirações profundas tem o efeito de movimentar todos os ossos do crânio até a região final da coluna.

Na maioria das vezes, se faz necessária a atuação de um profissional de apoio. Não no sentido de ensinar a respiração, pois isto seria impossível. Seria o mesmo que ensinar o coração a bater. Ambos são processos controlados automaticamente. O auxílio do profissional seria no estabelecimento de um programa de treinamento, com ou sem o uso de aparelhos. O resultado será alcançado quando os lábios estiverem fechados, sem esforço muscular e os dentes levemente separados enquanto o ar entra e sai lenta e pausadamente pelo nariz.

Respirar bem é viver bem.

Você anda com uma perna só ou dando pulos? Em caso positivo, você manca! Se você mastiga de um lado só ou apenas com movimentos de abre-fecha, então você manca da boca! Você tem uma disfunção da ATM.

O ato mastigatório é um processo consciente no início, quando resolvemos comer. Os passos seguintes são inconscientes, controlados pelo sistema nervoso e orientados pelo nivelamento dos dentes. É como caminhar... Você resolve iniciar o movimento e a partir daí o processo se torna automático. Ninguém fica pensando qual perna colocar à frente nem na largura do passo que vai ser dado. Tudo depende do comprimento das pernas e do bom posicionamento dos pés para uma marcha regular. Se uma pessoa tiver uma perna mais curta de um dos lados, o corpo sofrerá adaptações e haverá dificuldades para caminhar.

Assim acontece com a mastigação. Se um lado da boca estiver mais alto que outro, a mastigação será afetada. Nosso cérebro escolherá o lado onde houver o menor gasto de energia. Se este lado coincidir com aquele registrado nos primeiro anos de vida, os problemas serão menores, caso contrário.... Muitas pessoas, por um motivo qualquer, utilizam o lado mais alto para mastigar. Nestes casos o sofrimento será maior ainda.

Para que a mastigação seja feita pelos dois lados, com movimentos uniformes e harmoniosos, além do processo ter sido registrado corretamente, os dentes devem estar com as alturas alinhadas em relação ao plano do horizonte, assim como os olhos, juntamente com todas as outras articulações do corpo. Um profissional bem treinado irá indicar ou aplicar a terapêutica apropriada para estabelecer este alinhamento. Poderá utilizar pequenos ajustes, aparelhos, modificar próteses e restaurações, seja qual for a sua idade.

ALIMENTAÇÃO

Vegetariana, calórica, diet, light, macrobiótica? Qual? Melhor seria não nos importarmos muito com isto. O essencial é a disciplina aplicada e não o tipo de regime alimentar, o que não acontece com a maioria das pessoas. Assim caminha a obesidade....

Desde a pré-história, o homem obtém seu alimento na natureza, seja em forma vegetal, mineral ou animal, procurando frutas e folhagens, caçando e pescando. Deve ter sido bom e correto, caso contrário não estaríamos aqui. A evolução prova que o homem primitivo estava certo. Devemos, pois, imitá-lo na medida do possível. Não houve tempo, na escala evolutiva, de nos adaptarmos a tantos conservantes, flavorizantes, corantes e outros produtos mais.

Além da qualidade e variedade de nutrientes, devemos nos preocupar com a consistência do que comemos. Quanto mais duros e secos forem os alimentos, mais exigido será o Sistema Mastigatório. Maior será a potência dos movimentos e este vigor mastigatório, além de preparar melhor o que vamos ingerir, irá saciar os centros controladores da fome. Muitas pessoas usam a goma de mascar de forma intensa para enganar a fome. Sentem menos necessidade de comer mas acabam sofrendo com outros problemas. A musculatura da mastigação fica desequilibrada e, pior do que isto, o sistema gastrintestinal se prepara para receber o alimento que nunca vem. Resultado: acidez estomacal, azia e úlceras.

O que devemos ingerir afinal?

Aminoácidos, vitaminas, gorduras e sais minerais estão distribuídos em todos os tecidos animais e vegetais espalhados por aí. Teoricamente, não precisaríamos nos preocupar com a escolha, pois nosso corpo procura o que necessita.

Muitas vezes, pessoas que não "curtem" muito os doces, em certas ocasiões sentem uma enorme vontade de uma sobremesa. Se prestarmos atenção em alguns animais, aqueles preferencialmente carnívoros – um cão adora um bom pedaço de carne – notamos que em certos momentos ficam procurando algum tipo de planta. É interessante como mastigam o vegetal como se precisassem de fibras para auxiliar a digestão. E ninguém contou isso a eles. A necessidade e a qualidade do alimento são determinadas pelo instinto.

Mais uma vez entra em ação a complexidade do nosso cérebro. Os sentidos da gustação e do olfato são responsáveis em selecionar e indicar os procedimentos que serão executados pelo estômago, a fim de que haja a devida absorção dos elementos necessários para o organismo. Desta forma os centros da fome serão saciados.

Se crianças muito novas, que nunca foram induzidas a "gostar" de determinados alimentos, e a elas for ofertada uma variedade de diferentes tipos de alimentos, teremos uma grata surpresa. Haverá a escolha de determinados grupos de alimentos de acordo com a necessidade individual. Esta experiência já foi executada por cientistas e acreditem, deu certo. Questões culturais ou hábitos induzem as pessoas a gostar ou não de determinados alimentos, necessitem deles ou não. Coitados dos insetos em alguns países orientais. São verdadeiras iguarias, por lá....

Nosso paladar, de alguma forma, já reconhece e sinaliza o alimento bom e o ruim. Ao oferecermos uma verdura amarga a uma criança no início de sua experiência alimentar, ela certamente rejeitará o prato. Isto porque a maioria das coisas venenosas ou estragadas tem gosto amargo. O mesmo acontece com o azedo. Esta experiência desagradável pode se perpetuar ao longo da vida. Já um doce, nos traz à lembrança a glicose da qual necessitamos para a obtenção de energia. Que criança não se lambuza com o melado.

Por outro lado, o fator emocional, por meio das "recompensas", influencia de modo taxativo a escolha e a necessidade de grupos de alimentos. Novamente o sistema nervoso central no comando. "Se você for bonzinho, o titio vai te dar um sorvete". Crianças em festa de aniversário são submetidas a um verdadeiro banquete, que chamamos de "inutilidades alimentícias". Isto sempre associado ao bem-estar das brincadeiras, dos presentes e dos amiguinhos. Emocionalmente a associação está feita. E registrada. Pelo resto da vida haverá a necessidade das mesmas inutilidades. Feliz da criança que não teve tempo de comer em festas de aniversário por brincarem demais...

Além da experiência emocional, existem grupos de alimentos que contêm substâncias que facilitam a comunicação de neurônios, principalmente em regiões do cérebro ligadas ao prazer e bem-estar. É o caso do chocolate. Quantas pessoas necessitam, de forma até compulsiva, deste alimento para se sentirem bem? Pena que engorda, e isto dá uma grande dor de cabeça. Em todos os sentidos.

Muita atenção com a saúde de seus neurônios. E com a longevidade deles também. Para isto é necessário um ácido graxo importante chamado Omega-3. Este é um nutriente encontrado em abundância em carne de peixes. Muito cuidado com dietas exclusivas de soja. Se esta for sua opção, faça um complemento de Omega-3.

O tipo de dor de cabeça que acontece quando ingerimos alguns alimentos pertence ao grupo de enxaqueca que se instala quando substâncias interferem na função dos vasos sanguíneos. Estas são chamadas de substâncias vaso-ativas. Quem acaba quase sempre levando a culpa é o pobre do fígado.

Existem alguns grupos de alimentos que devem ser evitados por pessoas que sofrem de enxaquecas deste tipo:

- Leite, queijo, fígado, chocolate e vinho tinto, são exemplos de alimentos que contêm tiramina, que é uma substância vaso-ativa.
- Carnes em conservas, bacon, hot-dogs e hambúrgueres têm em sua composição os nitritos, também vaso-ativos.
- Cervejas, vinhos, ou qualquer bebida que contenha álcool devem ser evitadas.
- Os alimentos orientais, com seu sabor característico atribuído ao glutamato, devem ter seu uso moderado por determinadas pessoas. Na verdade, o glutamato é encontrado na maioria dos alimentos disponíveis e não somente na culinária oriental. O problema consiste no sal que é liberado pelo composto monossódico. Ainda bem, pois além da Síndrome do restaurante Chinês – dor de cabeça após a ingestão do glutamato monossódico – teríamos a Síndrome de todos os restaurantes.

Outro fato interessante é a observação dos seres vivos pelo aspecto estrutural. Nota-se que os animais que têm os intestinos muito longos são preferencialmente herbívoros. As folhas precisam permanecer por muito tempo no intestino para serem digeridas e este processo é demorado. Ao comerem carne, o alimento permanecerá muito tempo no intestino e entrará em processo de putrefação antes de ser eliminado.

Por outro lado, os animais carnívoros têm seus intestinos mais curtos e os alimentos são absorvidos antes de se deteriorarem. Não haveria tempo de uma digestão completa se os alimentos fossem fibrosos.

No homem, o comprimento dos intestinos é de um tamanho intermediário entre o dos animais carnívoros e o dos herbívoros. Isto nos leva a crer que fomos preparados para a ingestão tanto de produtos vegetais como animais. Tudo sem exageros, dependendo da necessidade. Tudo muito natural...

ATIVIDADES FÍSICAS

Praticar esportes faz bem para a saúde! Até que ponto? Perguntem ao nosso "cestinha de ouro" qual foi o preço por ter se tornado um dos maiores jogadores de basquete do mundo. Custou muita dor e muita fisioterapia. A maravilhosa história de sua carreira está escrita em todas as suas articulações, segundo ele próprio. De qualquer forma valeu o sonho...

A atividade física é necessária e essencial de uma forma ponderada e equilibrada. Temos necessidade de "soltar" a energia acumulada nos músculos e nas articulações dia após dia, expostos aos estresses.

Quando vivíamos em cavernas não era diferente. Desde o início dos tempos, o ser humano, como todo animal, tem uma função biológica primordial. Perpetuar a espécie. Homens e mulheres sempre foram preparados genética e bioquimicamente para desempenhar funções específicas. O macho se encarrega de obter alimento e defender a família. A fêmea, por sua vez, cuida do ambiente e protege a cria. Nosso organismo foi preparado através de descargas hormonais e transformações químicas para que pudéssemos desempenhar estas funções. Parece que conseguimos, pelo menos até hoje. Éramos submetidos aos mesmos estresses pela necessidade da sobrevivência. Medos, frustrações, estados de alerta diante dos mais variados tipos de problemas. Nosso organismo era preparado fisiologicamente para aquelas situações e, o que fazíamos? Corríamos, subíamos em árvores, lutávamos, fugíamos. Ou seja, liberávamos o estresse.

O homem moderno substituiu os dinossauros pelos chefes carrancudos, a caça e a pesca pelas filas dos supermercados e as batalhas pelo trânsito das ruas. A mulher moderna tem o serviço da casa, administra o lar e compete no mercado de trabalho. Nosso sistema fisiológico não sofreu modificação alguma e responde da mesma maneira que há milhares de anos. Diariamente somos preparados bioquimicamente para o enfrentamento de tudo isto. Na maioria das vezes este enfrentamento não requer atividade física. Exercemos nossa "função biológica" retornando para nossas cavernas, ou melhor, residências. O que fizemos com todo aquele preparo bioquímico? Nada! Ou melhor, vamos para a televisão e acumulamos "estresses". O resultado é quase sempre traduzido em forma de dor.

Todas as atividades diárias exigem que fiquemos em pé. Para que isto seja possível, os músculos posteriores têm que estar em constante contração, suportando o peso da cabeça e de todos os órgãos que estão à frente da coluna vertebral. Estes músculos fortemente contraídos, para que não sofram um encurtamento, necessitam de um alongamento constante. Quando são alongados? Quase nunca. Isto é uma grande fonte de dor nas costas e na parte posterior das pernas. Devemos, portanto, dar uma atenção especial ao alongamento das cadeias musculares posteriores. Um fisioterapeuta especializado poderá lhe ajudar com um programa de alongamento adequado, além de orientações com as maneiras corretas de sentar-se e dormir.

Além disto necessitamos de atividade física, adequada e constante, sem sobrecargas. Quando nos tornamos atletas de fins de semana, além do problema não se resolver, poderemos sofrer prejuízos mais sérios caso nosso corpo não esteja preparado para isto.

Nossa recomendação é a caminhada. Ela permite a movimentação de todos os músculos do corpo, além de promover uma rotação rítmica da coluna vertebral auxiliando o processo da respiração primária e promovendo uma verdadeira e natural drenagem linfática. E de graça!

Caminhar pelo menos três vezes por semana durante meia hora faz bem para o corpo e para a mente. Num ritmo e intensidade só sua. E como descobrir quando está bom? Se você caminhar e conseguir trocar algumas palavras sem ficar ofegante, é bom. Se conseguir cantarolar ou assoviar, é pouco! Pode apressar o passo....

Caminhar é a melhor forma de aliviar o estresse acumulado.

De boca fechada, com o ar entrando e saindo pelo nariz.

A DOR EMOCIONAL

Você é completamente feliz? É uma pergunta de difícil resposta se considerarmos que a felicidade é um estado de espírito, resultado de uma soma de momentos e situações de prazer. Mesmo assim alguns pesquisadores utilizando um questionário aplicado a centenas de pessoas, concluíram que é possível medir o grau de felicidade. O interessante da pesquisa é que, independente da condição social e econômica dos entrevistados, os itens mais citados para determinar o estado de felicidade foram o trabalho, a casa própria, a família e o nascimento de um filho, nesta ordem.

Isto leva a crer que de alguma forma fomos projetados para executar funções produtivas dentro de uma sociedade, resultando em recursos para fixar uma moradia, ponto de referência tal qual um porto seguro. A constituição e o convívio familiar mostram a necessidade do ser humano da integração e da aceitação das pessoas em benefício mútuo e culmina com a geração de uma nova vida. A espécie está garantida. Atendendo a esta ordem superior nos sentimos satisfeitos, cada qual no exercício de suas funções.

Vimos até aqui, que a dor física cuja causa é lesão ou disfunção, é o sinal de alerta que indica uma interferência no processo natural da vida. Pois bem, quando algum fator comportamental prejudica de alguma forma a interação do indivíduo com o meio em que vive, podendo isto interromper a determinação do ser humano de continuar a espécie, ele certamente deverá ser alertado. Estaremos diante de uma situação traduzida pela dor emocional.

Este tipo de dor, muitas vezes desacreditada pelos profissionais e até mesmo pelos entes queridos, além de se tornar persistente é completamente real. Existe a ativação dos neurônios relacionados à dor, embora não existam motivos estruturais que a justifiquem. As drogas utilizadas nestes casos não surtem o efeito desejado e as pessoas acabam sendo taxadas de chatas, estraga prazeres, afetadas psiquicamente e acabam isoladas, incapacitadas, resultando sempre na piora do quadro. Todo este processo acaba se somatizando favorecendo o surgimento da dor física e da dor disfuncional. É o que se observa na chamada dor do abandono, para a qual os remédios não fazem efeito. Pergunte nos asilos espalhados por aí, qual o índice de visitas anuais feitas por familiares. Surpreenda-se. Uma a duas por ano. O resultado é dor crônica e sofrimento.

Por outro lado, projetos de inserção social, principalmente para os idosos como a universidade para a terceira idade, terapias ocupacionais, voluntariado e outras tantas, mandam para o espaço caixas e mais caixas de medicamentos.

A abordagem da dor deve ser completa e seu tratamento também. É aceito que a dor do tipo emocional, envolvida com a meditação e com a religiosidade não resolvida, caminha em direção à dor física e poderá até lesionar estruturas. Mas o inverso também ocorre. Um indivíduo lesionado física e funcionalmente, sem a possibilidade da solução, evolui para o impedimento da capacitação, predispondo-o à perda da fé e dificultando o sentido da meditação.

Não acredito unicamente num processo unidirecional, em que o problema se inicie pela psique para terminar no físico. E vice-versa. Prefiro o modelo holográfico, onde tudo acontece ao mesmo tempo, em todos os setores e todas as direções. A dor emocional é real tanto quanto a dor física. Ambas contribuem com seu significado para a sobrevivência.

A cura deve vir por aí, de maneira global.

MUITOS PROFISSIONAIS CUIDANDO DE VOCÊ

Dia após dia nos deparamos com novas abordagens terapêuticas com promessas de bem-estar, melhoria na qualidade de vida e assim por diante. É impressionante a oferta de alternativas disponíveis para a solução dos mais variados tipos de problemas. Hora de separar o joio do trigo. Fora isto, qualquer terapia é bem-vinda, no sentido de complementar e ajudar a solução dos problemas, desde que sua causa principal tenha sido diagnosticada e devidamente tratada.

Muitas técnicas acabam em descrédito, não porque sejam ineficientes ou não apresentem resultados esperados. Muitas vezes, o problema foi mal diagnosticado ou o terapeuta não tenha percebido as limitações do problema. Como exemplo, podemos citar profissionais que insistem em orientar a mastigação correta, bilateral, sem se dar conta de que existe uma diferença de altura quando a mandíbula se move para os lados da boca. Nestes casos, como já vimos, a mastigação tende a se perpetuar no lado mais baixo. A escolha é feita pelo cérebro com o objetivo de economizar energia. Será perda de tempo tentar ensinar o jeito certo de mastigar.

Outro exemplo é em relação a pontos musculares sensíveis que aparecem na região do pescoço e dos ombros em pessoas que respiram de forma errada. Estes músculos estão em constante contração para manter um posicionamento melhor da cabeça. Quando utilizamos agulhas de acupuntura nestes casos, a melhora é percebida por algum período, mas o processo invariavelmente volta de tempos em tempos. O mesmo acontece com massagens ou outro tipo de fisioterapia. Não podemos dizer que a acupuntura ou a fisioterapia aplicadas não funcionaram. Apenas a causa principal do problema não foi detectada.

Sempre que estivermos diante de uma disfunção do Sistema Estomatognático, antes de tentarmos terapias alternativas devemos identificar e corrigir inicialmente as falhas respiratórias e de posicionamento das Atms. Estes dois fatores, por si só, podem ser a causa direta de vários distúrbios ou simplesmente perpetuar certas patologias, impedindo suas resoluções, independente da técnica empregada.

Dependendo da sensibilidade do profissional e do paciente, é importante e necessário o apoio terapêutico proporcionado pela medicina tradicional, homeopática, psiquiátrica, além de procedimentos da medicina fisiátrica e da fisioterapia.

Sabendo que o sistema estomatognático não se restringe apenas à boca e sua articulação, mas engloba as estruturas ligadas à coluna vertebral, tem sido de grande ajuda em nossa reabilitação o apoio da medicina osteopática.

De qualquer forma, o diagnóstico correto irá sempre determinar a melhor terapêutica.

Mais do que um profissional tratando de você é muito melhor do que apenas um. Desde que falem a mesma língua.

Capítulo V
Qualidade de Vida, uma Luz no Fim do Túnel

Leonardo Da Vinci
As proporções da figura humana (1492)

PROCURANDO O ESPECIALISTA

A disfunção mastigatória é uma das principais causas das dores de cabeça de origem tensional. As cefaléias, apesar de classificadas em centenas de tipos diferentes, são causadas basicamente por alguns poucos tipos de problemas. Já vimos que os traumas e tumores, além de problemas neurológicos estruturais do nervo Trigêmeo, respondem por apenas 2% das dores de cabeça. Os problemas vasculares respondem por aproximadamente 8% dos casos. A grande vilã da história é a função inadequada dos músculos da cabeça, cujas contraturas sem relaxamento são responsáveis pela grande maioria das cefaléias – do tipo tensional muscular – que respondem por 90% dos casos.

Esta tensão muscular é provocada ou perpetuada por uma disfunção da mandíbula. Acaba influenciando uma má postura corporal levando a dores nas costas, que é o segundo maior problema que atinge a humanidade, responsável pela baixa qualidade de vida. Os dois problemas juntos são responsáveis por gastos astronômicos nos setores de saúde. Muito investimento e pouco resultado. Se prestarmos atenção na verdadeira origem do problema, seja neurológico, vascular ou muscular tensional, diagnosticado por um profissional experiente, os governos economizariam muitos recursos e a qualidade de vida seria muito melhor.

A dor crônica, um problema que afeta milhões de pessoas em todo o mundo, existe para que nosso cérebro seja avisado que algum sistema não funciona adequadamente. A maior parte das terapias são aplicadas com o objetivo de tornar o problema suportável, sem resolvê-lo. Muitas delas paralisam músculos que estão em disfunção – a meu ver de forma equivocada – com aplicações de toxinas do tipo botulínicas, as quais logicamente eliminam a informação dolorosa. Mas também eliminam a ação de fibras musculares de forma irreversível.

Infelizmente, este procedimento tem sido aplicado não só na estética, mas principalmente em cefaléias e dores musculares, mandibulares e até em bruxismo. Como já dissemos, o sistema nervoso, sabiamente, renova a ação muscular paralisada, dando uma falsa idéia de que o "tratamento" terminou o seu efeito, quando a causa principal do problema não foi resolvida. Novas aplicações de toxinas paralisam as áreas afetadas e assim sucessivamente, até quando? Ninguém sabe por quanto tempo o organismo é capaz de se regenerar. A toxina botulínica "in natura" é o veneno mais potente que se conhece na face da terra. Ele se liga nos receptores musculares impedindo, de forma irreversível a comunicação do neurônio com a fibra muscular. Estas ligações poderiam ser interpretadas pelo nosso sistema de defesa como um elemento estranho, um inimigo. É perfeitamente lógico supor que poderíamos produzir reações combatendo aquelas ligações, ou seja, elementos de nosso próprio corpo, dando origem a doenças auto-imunes. Muitas pesquisas estão sendo produzidas neste campo. Enquanto os resultados não aparecem, que tal não fazer barulho. Não acordem os anticorpos.

Tomara que o final da história não acabe em desastre. De qualquer forma, esta história de aplicações sucessivas da toxina está transformando as pessoas em seres sem expressão, literalmente.

Em todas as áreas da saúde observamos um conhecimento científico e tecnológico sem precedentes. O problema é que, contrário ao conceito de globalização, existe um afunilamento dos estudos em direção às especializações. A tendência é que o profissional perca a noção do todo e fique restrito à sua área de atuação. Quando se perde a noção do todo, perde-se também a do universo. Quando se perde a noção do universo perde-se a fé. Ruim para médicos e pacientes. Que saudades do clínico geral....

Os índices mais recentes do censo, apontam para uma vida cada vez mais longa para os seres humanos. Estamos vivendo mais tempo devido aos avanços do conhecimento, da tecnologia e da própria medicina. Já que acrescentamos mais tempo à vida, devemos fazer de tudo, portanto, para acrescentar mais qualidade de vida ao tempo.

O TRIÂNGULO DA SAÚDE

A medicina do futuro aponta para o conceito do equilíbrio do triângulo da saúde, que conheci através dos estudos de Cinesiologia Aplicada. Este triângulo procura demonstrar a necessidade de um equilíbrio perfeito entre as partes estrutural, bioquímica e emocional que constituem um indivíduo. O ideal seria se conseguíssemos manter os três lados do triângulo do mesmo tamanho. Como isto é praticamente impossível, devemos concentrar nossos esforços para garantir que a somatória dos componentes estruturais, bioquímicos e emocionais de um paciente fique abaixo de seu limite de estresse.

Imagine que cada pessoa possua um copo, que será preenchido com os componentes que representam os lados do triângulo. Desde o nascimento, começamos o processo de encher nosso copo com partes diferentes de estrutura, química e emoção. Independente da mistura, o conteúdo do copo nunca deverá ser ultrapassado. Quando isto ocorrer, saímos da condição de saúde.

Em outras palavras, cada um de nós tem um nível de estresse, que não deverá ser ultrapassado se quisermos viver numa condição saudável. Os componentes estruturais, bioquímicos e emocionais juntos, devem ser mantidos abaixo do nível de estresse. Ultrapassado este nível, ou seja, perdida a condição de saúde, nosso objetivo será o de encontrar maneiras de diminuir os fatores relacionados aos três lados do triângulo, a fim de que a somatória deles permaneça abaixo do limite estressante.

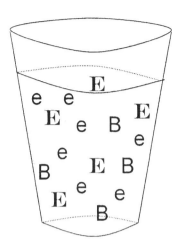

e - estrutural

B - bioquímica

E - emocional

Este modelo explica porque duas pessoas com o mesmo tipo de problema estrutural podem apresentar respostas diferentes. Um paciente, apresentando algumas falhas nos dentes, vive perfeitamente bem, dentro de um padrão de normalidade. Uma outra pessoa, de mesmo sexo e idade, e com o mesmo problema dentário, se apresenta completamente fora dos padrões de saúde. Neste caso, o componente emocional, ou bioquímico deve estar contribuindo para que o limite de estresse tenha sido ultrapassado. O fato de corrigirmos os dentes do segundo paciente, não quer dizer que conseguiremos uma condição de saúde. Pode ser que os outros lados do triângulo tenham uma influência tal que não permita baixar o nível estressante. Deve-se levar em conta também que o controle emocional sozinho pode não ser suficiente para determinar a condição de saúde. Uma ação conjunta, com a finalidade de diminuir os três fatores e mantê-los abaixo do nível suportável é sempre o mais indicado.

TERAPIAS DE APOIO

ESTRUTURA

Com o objetivo de determinarmos um padrão de saúde adequado para aqueles que precisam, a primeira abordagem é por facilidade e conveniência, sobre o padrão estrutural. Esta avaliação nos remete ao diagnóstico e à correção dos problemas que acometem tecidos moles, ossos, músculos ou nervos. Quando a queixa da dor tem relação com problemas físicos, é bem definida pelo paciente e bem localizada, o diagnóstico se torna mais fácil e o resultado do tratamento satisfatório, seja ele medicamentoso ou cirúrgico. Se o problema se apresenta com componentes subjetivos, que invariavelmente tem associado um quadro de depressão ou ansiedade, o lado emocional acaba tendo uma influência importante no diagnóstico.

Estudos recentes mostram que a maior parte das pessoas com depressão apresenta sintomas como baixa energia, distúrbios do sono, dores de cabeça, alterações psicomotoras, distúrbios gastrintestinais, mudanças no apetite, dores vagas e difusas. Em geral, a maioria, inicialmente apresenta sintomas físicos. Isto justifica a abordagem estrutural como a primeira a ser escolhida. Quando o problema físico não fecha o diagnóstico, antes de partirmos para um coquetel de drogas, é necessária uma avaliação funcional das estruturas, pois sabemos que a falta de função é um foco de distúrbio importante que pode levar às manifestações de dor "crônica".

O objetivo da avaliação e do tratamento é permitir que as estruturas estejam integradas em suas relações posturais, mecânicas e funcionais.

Na medicina, os apoios da Fisioterapia e da Fisiatria são solicitados depois das correções estruturais. Por exemplo, após uma correção cirúrgica de uma patologia na articulação do joelho, o paciente é encaminhado à fisioterapia, e não o contrário. Outro exemplo está na avaliação do ponto de vista do fisioterapeuta. Diante de um paciente com uma perna ortopedicamente mais curta, qualquer tentativa de correção irá por água abaixo. Obrigatoriamente a ortopedia se encarregará de corrigir a diferença das pernas, cirurgicamente ou com o uso de palmilhas antes do tratamento para se chegar ao equilíbrio global. Esta abordagem deve incluir todas as estruturas articulares, inclusive as Atms. Quando os dentes apresentam tamanhos diferentes de um lado da boca em relação ao outro, tal como acontece nos membros inferiores, qualquer tentativa terapêutica que não inclua o ajuste das alturas caminhará para o insucesso. Isto condena o uso das placas que não fazem o alinhamento das alturas. Seria o mesmo que colocar duas palmilhas iguais em pernas com tamanhos diferentes. O desequilíbrio continuaria. E este desequilíbrio impede que o resto do corpo se mantenha alinhado e vice-versa.

A medicina e a odontologia parecem estar caminhando juntas neste sentido. Uma avaliação mais globalizada dos pacientes com o objetivo final da saúde conta com apoios importantes da fisioterapia, fonoaudiologia e acupuntura.

Uma atenção especial deve ser dirigida à ergonomia. Entende-se, com isto, a relação do homem com os equipamentos e utensílios ao seu redor. O atrevimento de nos mantermos em pé e utilizarmos as modernidades à custa de posturas inadequadas tem um custo muito alto, portanto deve ser dado um valor adequado quanto ao estilo de vida a ser adotado por quem quer que seja.

Você sabia que os ossos da sua cabeça se movimentam? Estes ossos não estão soldados uns aos outros! Existe uma articulação entre eles que permite um certo grau de movimento. Isto tudo para que os líquidos internos possam fluir num determinado ritmo. Este movimento é necessário para que nosso cérebro seja alimentado e as impurezas sejam eliminadas. Quando ocorre um bloqueio destas articulações, causado por traumas ou por músculos muito contraídos, mastigação errada, ou postura inadequada, poderemos ter problemas. Estes bloqueios são uma importante fonte de dores. Um profissional da osteopatia poderá ajudá-lo a localizar os bloqueios e mobilizar as estruturas.

Desta forma, a medicina osteopática tem sido de grande valia e contribui de forma determinante na recuperação e no equilíbrio de todas as estruturas que compõem o ser humano. Sempre que recuperamos estruturalmente um indivíduo, e a relação entre as partes não acontece espontaneamente, o encaminhamento àquela especialidade poderá trazer resultados satisfatórios.

BIOQUÍMICA

O equilíbrio bioquímico pode e deve ser avaliado de forma completa. A medicina tem à sua disposição recursos laboratoriais de última geração e altamente sofisticados. Porém, não devemos descartar avaliações simples de aceitação ou intolerância de elementos químicos ou nutrientes que usam testes de reação muscular. A Cinesiologia Aplicada (Applied Kinesiology) utilizada de maneira correta e consciente é fundamental também na modulação do componente bioquímico do triângulo da saúde.

O quadro bioquímico é extremamente complexo e de difícil compreensão. Mesmo assim, a Nutrologia, a Medicina Ortomolecular, a Homeopatia, a Fitoterapia e outras tantas Ciências se empenham em compreender e organizar esta enorme reação química que é a vida, toda ela gerenciada pela força vital.

Um fator agravante e preocupante é o uso indiscriminado de drogas, prescritas ou não, proibidas ou não, a que os pacientes são submetidos. Com a boa intenção de encontrar a solução para seus problemas, são literalmente bombardeados com os mais variados tipos de fórmulas que no final das contas interferem na reação química global. O resultado nem sempre é o esperado....

EMOÇÃO

Setenta por cento das pessoas com depressão apresentam dor física. A demora para solucionar o problema doloroso leva à depressão ou a depressão determinou o surgimento da dor? Mais uma vez a preocupação com a origem do ovo! Não importa quem causou o quê. Temos que nos preocupar em encontrar a solução. Se levarmos em conta que a sinalização dolorosa e as sensações ligadas à emoção são controladas pela mesma região do cérebro, fica fácil compreender a dificuldade dos tratamentos. Além disto, ambas as sensações são moduladas pelos mesmos neurotransmissores, principalmente a serotonina e a noradrenalina.

Atualmente, a indústria farmacêutica aponta para o ataque nas duas frentes, com drogas atuando na dor e na emoção. Sugerem e incentivam um aumento progressivo nas dosagens e na associação com outros fármacos. Quando não acontece a resposta satisfatória, como último recurso, sugere o encaminhamento ao psicoterapeuta. Infelizmente, este profissional recebe um paciente com toda bioquímica muito alterada.

Em relação ao componente emocional, acredito que o uso indiscriminado de prescrição farmacológica acarreta mais prejuízos do que benefícios na maioria dos casos. A psicoterapia, quando usa recursos homeopáticos associados a técnicas de percepção sensorial, se mostra mais eficiente neste sentido. A hipnoterapia consciente tem contribuído de forma importante no controle e modulação do componente emocional do triângulo da saúde. A terapia crânio-sacral tem proporcionado resultados fantásticos nestes casos. A terapia ocupacional, é uma ótima opção em muitos casos, mas, qualquer solução cuja finalidade seja equilibrar o lado emocional, independente da técnica a ser utilizada, não pode descuidar dos possíveis fatores estruturais e bioquímicos que possam estar atuando como determinantes na solução dos problemas.

EM BUSCA DA SAÍDA

"Crescei e multiplicai-vos". Foi a ordem para que todas as espécies evoluíssem. Estruturalmente e fisiologicamente todos os seres vivos parecem respeitar este comando desenvolvendo funções para que isto aconteça. Definitivamente, não fomos concebidos com a finalidade de termos dor. A dor, como várias outras sensações, foi criada para ajudar na preservação das espécies. Nosso corpo foi projetado para nascer, viver e morrer sem sofrimento.

Sempre que existir algum tipo de dor persistente na cabeça ou nas costas; na presença de sintomas como rinites, sinusites, barulhos no ouvido, bruxismo ou distúrbios do sono lembre-se: você pode ter uma disfunção da ATM.

Se você tem algum tipo de sofrimento crônico sem uma causa determinada; já se submeteu a vários tipos de tratamento e tenha visitado inúmeros profissionais da saúde para lhe ajudar; se você leu, entendeu e seguiu as orientações deste livro, e mesmo assim continua com seu problema; se sua dor não for uma doença, e mesmo que seja, ainda não encontrou solução, não desista. A verdade de hoje pode se tornar mentira amanhã.

Continue procurando e não desista nunca. Tenho certeza que de alguma maneira, um dia você achará a sua luz.

Epílogo

Vincent Van Gogh
Noite estrelada (1889)
Museu de arte moderna, Nova York

Se este livro puder ajudar uma só pessoa, todo o esforço para construí-lo terá valido a pena.

Mais difícil do que iniciá-lo, ou ter tentado transmitir em suas páginas o pouco que penso saber sobre os segredos dessa máquina fantástica que é o nosso corpo, foi encontrar palavras para terminá-lo. Deveria ser um final sem demagogia e sem pieguices.

Várias tentativas em vão, até que solicitei ajuda ao Criador de todas as coisas para que colocasse em minha boca palavras sábias, ou então que as escrevesse através de minhas mãos! Afinal o livro teria que ter um fim.

Sutil, este Senhor!

Não houve resposta...

Bibliografia Recomendada

1. **Nervios craneanos – anatomia y clinica.** WILSON-PAUWELS, L.; AKESON, E. J.; STEWART, P. A. São Paulo, Ed. Medica Panamericana, 1991.

2. **Curar o Stress, a Ansiedade e a Depressão sem medicamentos nem psicanálise.** SERVAN-SCHREIBER, D. São Paulo, Sá Editora, 2004.

3. **Temporo Mandibular Joint Dysfunction and Oclusal Equilibration.** SHORE, N. A. Philadelphia, 1976.

4. **Antomic relation between the Rectus Capitis Posterior Minor and the Dura Mater.** HACK, G. D. et al., London, Spine, v 20, n 23, 1995.

5. **Reabilitação Neuro Oclusal.** PLANAS, P. Rio de Janeiro, Ed. Medsi, 1998.

6. **Ortopedia Funcional dos Maxilares Vista através da RNO.** SIMÕES, W. A. São Paulo, Ed. Santos, 1985.

7. **Tratado de Fisiologia Médica Aplicada as Ciências da Saúde.** DOUGLAS, C. R. São Paulo, Robe Editorial, 1994.

8. **Applied Kinesiology.** WALTHER, D. S. Pueblo, Colorado, Ed. Systems DC, 2000.

9. **TMJ Dysfunction Differential Diagnosis and Tratment. A new approach to condylar motion analysis.** PALLA, S. São Paulo, Ed. Classica, 1998.

10. **ATM e Músculos Crânio Cervico Faciais. Fisiopatologia e Tratamento.** MONGINI, F. São Paulo, Ed. Santos, 1998.

11. **Paralelas funcionais e ângulo crânio escapular.** SCARLATI, A. JBO v 3, n 14, março/abril, Curitiba, 1998.

12. **New concepts in craniomandibular and chronic pain manegement.** GELB, H. Barcelona,AS Publicaciones Médicas, 1994.

13. **Dor Orofacial.** SIQUEIRA, J. T. T.; TEIXEIRA, M. J. Curitiba, Ed. Maio, 2001.

14. **Fisiologia Respiratória.** WEST, J. B. São Paulo, Ed. Manole, 2002.

15. **Cem Bilhões de Neurônios.** LENT. R. São Paulo, Ed. Atheneu, 2001.

16. **TMJ Dysfunction Differential Diagnosis and Tratment. Craniomandibular Disorders Perpetuating or inducing factors.** ROCABADO, M. S. São Paulo, Ed. Classica, 1998.

17. **Hiperbolóide – Instrumento de Mastigação.** CHEIDA, A. P. Reabilitação Oral – Protocolo AAS1RFA. São Paulo, Ícone editora, 2004.

18. **O cérebro do século XXI.** Steven Rose. São Paulo, Ed. Globo, 2005.

19. **A origem das espécies por meio da seleção natural ou A preservação das raças favorecidas na luta pela vida.** Charles Darwin. São Paulo, Ed. Escala, 2004.

20. **Tratado de osteopatia craneal.** Ricard, F. Madrid, Ed. Médica Panamericana, 2002.

21. **Dor. Contexto Interdisciplinar.** Teixeira, M. J. Curitiba, Ed. Maio, 2002.

22. **Fisiologia.** Constanzo, L. S. Rio de Janeiro, Ed. Guanabara Koogan, 1999.

23. **Classificação Internacional das Cefaléias.** Sociedade Brasileira de Cefaléia. São Paulo, Alaúde Editorial, 2006.

24. **O cérebro nosso de cada dia.** Herculano-Houzel, S. Rio de Janeiro, Ed. Objetiva, 2004.

25. **Sexo, Drogas e Rock´n´Roll & Chocolate.** Herculano-Houzel, S. Rio de Janeiro, Ed. Objetiva, 2004.

26. **O cérebro em transformação.** Herculano-Houzel, S. Rio de Janeiro, Ed. Objetiva, 2005.

27. **O corpo tem suas razões.** Bertherat, T.; Bernstein C. São Paulo, Martins Fontes, 1999.

28. **Mantenha seu cérebro vivo.** Katz, L., C.; Rubin, M. Rio de Janeiro, Sextante, 2000.

29. **Por que os homens fazem sexo e as mulheres fazem amor?** Pease, A & B. Rio de Janeiro, Sextante, 2000.

30. **Princípios da Neurociência.** Kandel, E. R.; Schwartz, J. H.; Jessel, T M. São Paulo, Manole, 2003.

31. **Neurociência. Fundamentos para a reabilitação.** Lundy-Ekman. Rio de Janeiro, Elsevier, 2004.

32. **Neurociências. Desvendando o sistema nervoso.** Bear, M. F.; Connors B. W.; Paradiso, M. A. Porto Alegre, Artmed, 2002.

33. **Cadeias Musculares. Um programa para ensinar avaliação fisioterapêutica global.** Marques, A. P. São Paulo, Manole, 2000.

34. **Neurotransmissores em medicina.** Olszewer, E. São Paulo, Ícone editora, 2005.

35. **Regulador de Função Aragão. Tratamento das doenças sistêmicas a partir do sistema estomatognático.** Aragão, W. São Paulo, Ed. Santos, 2007.